SAUTTER
VERLAG FÜR
SYSTEMISCHE
KONZEPTE

Christiane Sautter

Wenn die Seele verletzt ist

Trauma verstehen
Ursachen und Auswirkungen

mit einem Beitrag von Volkmar Suhr

Sautter Verlag für Systemische Konzepte

Die Deutsche Nationalbibliothek verzeichnet diese Publikation
in der Deutschen Nationalbibliographie.

Christiane Sautter: **Wenn die Seele verletzt ist, Trauma verstehen. Ursachen und Auswirkungen**

1. Auflage 2005
9. Auflage 2020

© by Sautter Verlag für Systemische Konzepte, Ravensburg
Alle Rechte vorbehalten, auch der auszugsweisen
Wiedergabe in gedruckten oder elektronischen Medien

Lektorat: Sonja Möhrle
Redaktion: Carola Fey
Umschlaggestaltung: Marian Sautter unter Verwendung eines Bildes
von Brigitta Gerke-Jork
Foto: Sabine Kunzer
Satz: Verlag für Systemische Konzepte
Druck: CPI, Ulm

ISBN 978-3-9809936-0-9

Inhalt

Danksagung 7

Einführung 9

Die Geschichte der Traumaforschung 17

Die Ursachen von Traumata 35

Die geglückte Traumaverarbeitung 45

Die grundlegenden Bedürfnisse von Kindern 49

Neuropathologie und Trauma von Volkmar Suhr 55
    Das Nervensystem reagiert 58
    Die Überhitzung des Systems 60
    Wie uns die Hormone Achterbahn fahren lassen 63
    Das Gefühl der Sprachlosigkeit 66
    Das Gedächtnis 67
    Zusammenfassung 69

Traumatisierung in der Kindheit 71
    Die neurophysiologischen Wirkungen des Traumas 71
    Vernachlässigung 73
    Seelische Misshandlung 76
    Körperliche Misshandlung 80
    Sexueller Missbrauch 82

Wenn die Seele verletzt ist – die Reaktion der Psyche 86
    Die unbestechliche Logik der Psyche 88
    Der Vorteil von Kontrolle und Sorgen 89
    Lösungsstrategien bei Kindheitstrauma 91

Die körperlichen Reaktionen – Trigger 95
„Trojanische Pferde" – Virusprogramme in der Seele 98
Das unbewusste Inszenieren 102

Symptome aufgrund einer Traumatisierung 106
  Dissoziation 108
  Selbstschädigendes Verhalten 109
  Somatisierung 111
  Angststörungen 114
  Depression 117
  Zwangserkrankungen 118
  Das Borderline-Syndrom 121
  Die Posttraumatische Belastungsstörung 125

Trauma und Sucht 127

Psychotische Erkrankungen und Psychopharmaka 132

Die Auswirkung von Trauma auf Beziehungen 140
  Auswirkungen auf die Eltern-Kind-Beziehung 141
  Auswirkungen auf die Paarbeziehung 148

Die Wiederholung der traumatischen Erfahrung 156

Trauma und Gesellschaft 159

Literatur und Quellen 168

Diese Bücher könnten Sie interessieren 171

Danke!

Ich danke
- meinem Mann Alexander für die exzellente Zusammenarbeit in der Praxis und die liebevolle Unterstützung im Privaten;
- meinem Sohn Marian für die Geduld mit seiner Mutter und für seine erfrischenden Kommentare;
- Brigitta Gerke-Jork für das aussagestarke Titelbild;
- Ute Schmid dafür, dass sie jetzt seit zwanzig Jahren mein körperliches Wohlbefinden sichert;
- Petra, Kerstin, Anja, Ursula und all den anderen dafür, dass sie sich mir mit ihren Traumata anvertrauten;
- Carola Fey und Sonja Möhrle für die hilfreichen Korrekturen;
- Zweitausend Klientinnen und Klienten dafür, dass sie mir durch den Besuch unserer Praxis und unserer Seminare die Möglichkeit gaben, das Phänomen Trauma tiefgreifend zu erforschen.

Einführung

Ich möchte mit diesem Buch eine Lücke schließen, die mir bei meiner Arbeit mit traumatisierten Menschen immer wieder auffiel. Obwohl es viele Bücher über das Thema „Trauma" gibt, handeln die meisten von den großen Katastrophen, von Krieg und Folter, Gewaltverbrechen, Terrorismus, Entführungen, Unfällen und Naturkatastrophen. Auch gibt es Bücher, die Menschen unterstützen, die Schicksalsschläge erlitten oder sich in der Pflege schwer kranker Familienangehöriger körperlich und seelisch erschöpften. Dagegen werden die Traumata, die täglich in Familien und dem näheren Umfeld „ganz normal" passieren, viel seltener zum Thema gemacht. Um diese Traumatisierungen soll es in diesem Buch vor allem gehen.

Natürlich gibt es Fachbücher, doch diese sind so spezialisiert und mit psychologischen Fachausdrücken gespickt, dass sie nur von Eingeweihten verstanden werden. Der erste Satz des Kommunikationsforschers Friedemann Schulz von Thun in seinem Buch „*Miteinander Reden*" lautet: „*Den Psychologen sagt man nach, sie würden das, was jeder weiß, in einer Sprache sagen, die niemand versteht* (S. 11)." Da dies leider häufig der Wahrheit entspricht, versuche ich in diesem Buch sowohl das, was alle zu wissen glauben, als auch psychologisches Fachwissen, das nicht zum Allgemeinwissen gehört, so zu erklären, dass das Fremdwörterbuch zugeklappt bleiben kann. Um einige Fachbegriffe komme ich allerdings nicht herum, doch wenn sie sich mit Inhalt und Leben füllen, verlieren sie rasch ihre Fremdheit.

Dieses Buch handelt von den Ursachen und Auswirkungen von Traumata. Es geht vor allem um die Verletzungen der Seele, die Kinder im Familienleben, aber auch in Kindergarten, Schule und Krankenhaus davongetragen haben. Da die Betroffenen an dieses Leben gewöhnt sind, halten sie es für „normal" und verstehen überhaupt nicht, warum sie Symptome haben oder Verhaltensweisen entwickeln, die sie gerne verändern würden. Wenn sie sich ratsuchend an Experten wenden, erfahren sie meist, dass ihre Schwierigkeiten durch persönliche Defizite oder einen schwachen, unselbständigen Charakter verursacht werden. Ich kenne schwer traumatisierte Menschen, die von Ärzten und Therapeuten wegen ihrer Symptome sogar ausgeschimpft und verurteilt werden. „Sie wollen ja gar nicht gesund werden!", und „Sie sind selbst schuld, dass es Ihnen so geht!", wird dabei leider gar nicht so selten geäußert.

Traumata verursachen ganz spezifische Symptome, ganz gleich, ob das Trauma durch Krieg, Naturkatastrophen, Terrorismus, Unfälle oder durch Gewalt oder Vernachlässigung in der Familie verursacht wurde. Diese Tatsache ist spätestens seit 1980, als die Traumafolgen unter dem Fachbegriff „*Posttraumatisches Belastungssyndrom*" zusammengefasst und in das Internationale Diagnosemanual ICD 10 aufgenommen wurden, bei Ärzten und Psychotherapeuten bekannt.

Auch wenn das traumatische Erlebnis keine Symptome verursacht, prägt es in jedem Falle das Verhalten der davon Betroffenen. Die jetzt fast dreitausend Klienten, die unsere Seminare und unsere Praxis besuchten, ermöglichten uns eine umfassende Erforschung der Verhaltensmuster und Symptome, die durch eine Traumatisierung in der Familie oder im weiteren Umfeld der Betroffenen entstehen.

Es geht mir hier bestimmt nicht darum, die Familie zum Sündenbock für die Schwierigkeiten ihrer Kinder zu erklären. Ich glaube immer noch, dass die Familie der beste Ort für Kinder sein kann, und in der Mehrzahl der Familien erhalten Kinder alles, was sie brauchen, um als Erwachsene ihr Leben selbst in die Hand nehmen zu können. Ein Buch über Trauma thematisiert jedoch nicht das, was in Familien wunderbar läuft, sondern richtet die Lupe auf jene Aspekte, die Kindern das Leben schwer machen.

Obwohl wir in unseren Seminaren häufig auf Menschen treffen, die auf Grund ihrer Symptomatik offensichtlich traumatisiert sein müssen, waren wir sehr überrascht, dass Klienten auch nach vielen Jahren Psychotherapie und deutlichen Symptomen das Wort „Trauma" zum ersten Mal bei uns hörten. Das erstaunte uns außerordentlich und die Rückmeldungen vieler Kollegen bestätigten, dass äußerst selten mit dieser Diagnose gearbeitet wird. Dabei ist das Wissen um Traumata seit 115 Jahren bekannt. Warum wird es so wenig berücksichtigt? Neben politischen und gesellschaftlichen Gründen scheint das Thema bei vielen Therapeuten offenbar eigene noch nicht bearbeitete Ängste auszulösen. So berichtete eine Klientin, dass ihr Therapeut die Sitzung beim bloßen Verdacht auf eine Traumatisierung abrupt abgebrochen und sich geweigert habe, die Arbeit mit ihr fortzusetzen.

Durch die Seminararbeit lernten wir, dass die bloße Information zum Thema „Trauma" und seiner Auswirkungen schon zu einer wirklichen Verbesserung im Leben der Menschen führte. Die Zuordnung der Symp-tome und der nicht erwünschten Verhaltensweisen zu historisch nachweisbaren schrecklichen Erlebnissen bewirkte bei jedem der Betroffenen eine große Erleichterung, der die Erkenntnis folgte: *Mit mir ist alles in Ordnung! Das, was mit mir geschehen ist, habe ich nicht verkraftet. Auf Grund dieser Erlebnisse habe ich Symptome und/ oder Verhaltensmuster entwickelt, die ich heute gerne los wäre. Daran will ich arbeiten!*

Deshalb soll dieses Buch gründlich über die Ursachen und die Auswirkungen von Traumata informieren. Die systemischen Möglichkeiten, Traumata zu lindern oder zu heilen, beschreibe ich in meinem Buch *„Den Drachen überwinden, Vorschläge zur Traumaheilung"* (2013, VSK Wolfegg). Das Thema „Doublebinds", das ich für sehr wichtig halte, wenn man mit traumatisierten Menschen arbeitet, habe ich ebenfalls ausgeklammert, weil es den Rahmen sprengen würde. Informationen über dieses Thema finden Sie in unserem Buch *„Wege aus der Zwickmühle, Doublebinds verstehen und lösen"* (2016, Ravensburg).

Die meisten Menschen meinen, ein Trauma dadurch aufarbeiten zu können, indem sie sich an das Geschehene erinnern, diese Erinnerung einmal oder mehrmals durchleben und dadurch abarbeiten. Je öfter man sich mit dem Trauma konfrontiert, umso mehr soll es seine destruktive Wirkung einbüßen, wie ein Horrorfilm, der, je öfter man ihn anschaut, immer weniger aufregt und sogar langweilig werden kann. Dieser Meinung waren jahrzehntelang auch viele Experten.

Doch inzwischen sind sich diejenigen, die mit traumatisierten Menschen arbeiten, darin einig, dass dieser Aspekt zwar wichtig, jedoch keinesfalls ausschlaggebend für den guten Verlauf einer Traumatherapie ist. Heute steht fest, dass es sogar schädlich ist, diese Erinnerung zu früh herbeizuführen. Traumaopfer können ihre psychische Gesundheit gefährden, wenn sie ohne die nötige Vorbereitung mit ihrem Trauma konfrontiert werden. Vorher muss unbedingt sichergestellt sein, dass sie die Konfrontation mit der persönlichen Hölle gut verkraften. Bei Folter-opfern zum Beispiel kann die psychische Gesundung davon abhängen, die Traumatisierung gerade *nicht* zu thematisieren und die Geschädigten dabei zu unterstützen, trotzdem ein gutes Leben zu führen.

Viel wichtiger als die Konfrontation mit dem Trauma ist, dem Traumaopfer zu helfen, seinen Fokus nicht mehr nur ausschließlich auf das Problem, sondern vielmehr auf die positiven Aspekte seines Lebens zu richten, ihm also seine Ressourcen bewusst zu machen oder sie zu entwickeln und damit seine Selbstheilungskräfte zu fördern. Das geschieht jedoch nicht von heute auf morgen. Obwohl systemische Therapeuten die Kurzzeittherapie bevorzugen, gelten für schwer traumatisierte Menschen andere Maßstäbe. Der Therapieprozess kann lange dauern, manchmal sogar Jahre.

Da sich die Traumatherapie in erster Linie mit den Ressourcen der Betroffenen befasst, gehört sie zu den lösungsorientierten Therapien. Aus diesem Grund bietet sich die systemische Psychotherapie geradezu als Weg zur Heilung an. Auch wenn systemische Psychotherapeuten betonen, dass sie gut ohne die allgemein übliche Klassifizierung der Symptome arbeiten können und diese häufig sogar ablehnen, habe ich mich ganz bewusst dafür entschieden, die klinischen

Begriffe beizubehalten. Der systemischen Arbeit wird damit sicher nicht geschadet und gleichzeitig gibt es eine gemeinsame Verständnisebene mit Therapeuten anderer Ausrichtungen.

Obwohl sie natürlich über ganz spezifische Werkzeuge verfügt, sind es nicht ihre Techniken, die die systemische Psychotherapie ausmachen: Es ist vielmehr die ganz andere Art, die Welt zu begreifen, die sie mit anderen modernen Wissenschaften wie zum Beispiel der Kybernetik teilt, nämlich der Erkenntnis, dass den unzähligen Einzelaspekten, aus denen sich lebendige Systeme zusammensetzen, übergeordnete Prinzipien oder, wie Gregory Bateson es nennt, *„Metamuster"* (Ökologie des Geistes, 1996, S. 115) zu Grunde liegen.

Die Grundsätze der Systemtheorie gelten auch für die Psyche. Den übergeordneten Prinzipien oder Metamustern lassen sich Gefühle, Gedanken und Verhaltensweisen, aber auch Symptome logisch zuordnen. Wir sind daher davon überzeugt, dass alles, was ein Mensch tut, einen Sinn, einen „psycho-logischen" Nutzen für ihn hat, wobei wir die Sichtweise, dass jemand mit seinem Symptom einzig und allein nur Aufmerksamkeit erregen will, nicht teilen. Wir sind im Gegenteil davon überzeugt, dass die allermeisten Menschen ihr Bestes geben und sich mit ihren Symptomen und Verhaltensweisen in erster Linie vor Schlimmerem schützen. Wenn es uns gemeinsam mit dem Klienten gelingt, das seinen Beschwerden übergeordnete oder allem zu Grunde liegende Muster zu entschlüsseln, kann er das nicht mehr passende Verhalten schrittweise in ein dem aktuellen Kontext angemesseneres verwandeln.

Vom Familien-Stellen nach Bert Hellinger, der von missbrauchten Frauen in seinen Aufstellungen zuweilen verlangt, sich vor dem Täter zu verneigen und zu sagen: „Papa, ich habe es gern für dich gemacht!", raten wir dringend ab (Krüll, Marianne & Nuber, Ursula. 1995. S. 22-26). Hier findet eine erneute schlimme Traumatisierung der betroffenen Frauen statt, was wir selbst mit von ihm oder von seinen Nachahmern Geschädigten oft genug erlebt haben. Zumindest sollte man, wenn man nach Hellinger aufstellen will, die Therapeuten sehr gut prüfen. Im übrigen ist Bert Hellinger katholischer Priester und kein systemischer Therapeut und das von ihm modifizierte Familien-Stellen keine systemische Intervention!

Dieses Buch ist so aufgebaut, dass es interessierten Fachleuten und Laien einen Überblick über das Phänomen Trauma gibt. Ich beginne mit einem Überblick der Geschichte der Traumaforschung, um für das Phänomen des Gedächtnisschwundes in der Psychotherapie in Bezug auf Trauma zu sensibilisieren. Dann gehe ich detailliert auf die verschiedenen Ursachen von Traumatisierungen ein. Da eine Traumatisierung in der Kindheit besonders langwierige Folgen haben kann, sind diesem Thema mehrere Abschnitte gewidmet. Das Kapitel über die Verhaltensweisen und Symptome, die ein Trauma verursachen kann, und die Abgrenzung zu psychotischen Erkrankungen, versetzt Betroffene und deren Angehörige in die Lage, ihre Beschwerden in der richtigen Weise einzuordnen. Die Auswirkungen von Trauma auf Beziehungen, mit denen ich es als Paar- und Familientherapeutin häufig zu tun habe, werden eingehend beleuchtet und abschließend die Frage erörtert, wie die Gesellschaft mit Trauma umgeht und wie sich eine kollektive Traumatisierung auf ein soziales Gefüge auswirkt.

Möge dieses Buch, obwohl es von so viel Schlimmem handelt, vielen Menschen ihr Leben dadurch erleichtern, dass sie wissen, dass mit ihnen alles in Ordnung ist. In jedem von uns existiert ein unverletzter heiler Kern, dem nichts etwas anhaben kann. Die Symptome und die Überlebensmuster sind Trabanten, die um diesen Kern kreisen. Es gilt, diese Trabanten zu erkennen, das Wertvolle zu achten, das Veraltete umzugestalten und daraus ein neues Bild zu komponieren, in dem Selbstwert, Lebensfreude und Vertrauen wieder eine wichtige Rolle spielen. Dies zusammen mit meinen Klienten zu erreichen ist mein erklärtes Ziel.

Zum Wohle aller Wesen!

Vorwort zur zweiten Auflage

In den letzten zwei Jahren habe ich von Lesern und Leserinnen oft folgende Rückmeldung erhalten: *„Sie haben dieses Buch über mich geschrieben."* Es freut mich, dass sich so viele Menschen verstanden fühlten. Die zweite Auflage gibt mir die Möglichkeit, einen hoch interessanten Artikel meines Kollegen Volkmar Suhr in das Buch aufzunehmen. Die von ihm beschriebenen Erkenntnisse machen nicht nur die emotionalen Reaktionen auf Traumata verständlicher, sie zeigen darüber hinaus, dass wir mit der von uns verwandten Methode, seelische Verletzungen sanft zu heilen, auf dem richtigen Weg sind.

Vorwort zur siebten Auflage

Auch noch zehn Jahre nach seinem Erscheinen hält die Nachfrage nach dem „Traumabuch" unvermindert an. In der Zwischenzeit hat sich vieles verändert, und so habe ich diese Neuauflage zum Anlass genommen, das Buch gründlich zu überarbeiten. Während die Diagnose „Trauma" noch vor wenigen Jahren selten gebraucht wurde, wird dieser Begriff heute sehr häufig, vielleicht sogar zu häufig benutzt, um seelische Schwierigkeiten zu beschreiben. Ob ein Ereignis als Trauma erlebt wurde, merken wir daran, wie der Betroffene das Erlebnis verarbeitet. Die Spuren, die ein Trauma verursacht, sind so spezifisch, dass wir aufgrund der Verhaltensweisen und Symptome der Betroffenen zweifelsfrei diagnostizieren können, womit wir es zu tun haben. Diese Spuren habe ich in der Neuauflage des Buchs noch genauer beschrieben. Außerdem habe ich das Buch um ein Kapitel über das Thema „Trauma und Sucht" erweitert.

Mögen viele Menschen Heilung finden!

Die Geschichte der Traumaforschung

Claudia Plass in Bayern 5 aktuell, Hörfunk, 2. Juli 2004, 12.20 Uhr

Text: US-Soldaten kehren traumatisiert aus dem Irak und aus Afghanistan zurück. Sie haben irakische Soldaten getötet, wurden selbst beschossen, sind verantwortlich für den Tod von Zivilisten oder haben einen Kameraden verloren. Albträume, Angstzustände, schwere Depressionen: Jeder sechste US-Soldat, der aus dem Irakkrieg zurückkehrt, leidet unter einem sogenannten posttraumatischen Stresssyndrom, so eine neue Studie. Einer der traumatisierten Soldaten ist Andrew Pagony, kürzlich aus dem Irak zurückgekehrt.

O-Ton: *„Ich habe einen Iraker gesehen, der getötet wurde. Kurz danach hatte ich einen Nervenzusammenbruch, jedenfalls habe ich das damals so gesehen. Mein Zusammenbruch wurde noch verstärkt durch die Malaria-Prophylaxe-Tabletten, die ich zu der Zeit noch nehmen musste."*

Text: „Ich habe weitergemacht und versucht herauszufinden, was da vor sich geht", sagt Pogany, er habe so etwas vorher noch nie erlebt. Schließlich musste er feststellen: Er wird seiner Aufgabe als Soldat nicht mehr gerecht. Pogany sprach mit seinem Vorgesetzten. Die Reaktion:

O-Ton: *„Sie haben mir nicht geglaubt. ‚Was sagen Sie da?', war die Reaktion. Und: Denken Sie an Ihre Karriere! Die Botschaft war: Sie verhalten sich wie ein Feigling."*

Text: „Genau vor solch einer Aussage fürchten sich die meisten", sagt Charles Hoge. Er ist Militärarzt und Mitautor der neuen Studie, die die traumatischen Auswirkungen des Irakkriegs auf die US-Soldaten untersucht hat.

O-Ton: *„Diejenigen Soldaten, die am meisten unter psychischen Störungen leiden, wollen sich nicht behandeln lassen. Sie haben Angst, stigmatisiert zu werden."*

Text: Hoge und seine Mitarbeiter haben insgesamt 6000 Soldaten beobachtet und befragt, jeweils vor und drei bis vier Monate nach ihrem Truppeneinsatz im Irak und in Afghanistan. Das Ergebnis: 17% der Männer, die im Irakkrieg waren, leiden unter Depressionen und Ängsten, bei den Männern, die in Afghanistan waren, liegt die Zahl bei 11%. In der Studie werden zum ersten Mal Soldaten so zeitnah nach ihrem Einsatz untersucht. In der Vergangenheit wurden die Männer zum Teil erst Jahre später befragt. Nach einem solch langen Zeitraum können die posttraumatischen Symptome erstens noch verstärkt auftreten und zweitens sind sie dann schwieriger zu behandeln, so Experten.

Dennoch: Als Soldat zu erkennen und zuzugeben, dass man ein Problem hat, ist nach wie vor die größte Hürde, bevor man sich in eine Einzel- oder Gruppentherapie begibt. Soldat Philipp Goodrum, der wie Pogany kürzlich aus dem Irak zurückgekehrt ist, hat sich erst einer Therapie unterzogen, als es mit den Albträumen, schlaflosen Nächten und Panikattacken einfach nicht mehr auszuhalten war. Jetzt ist er nach eigenen Worten wieder hergestellt, allerdings auf Kosten seiner Karriere.

O-Ton: „Dass ich hingegangen bin und gesagt habe, ich brauche Hilfe, das hat natürlich negative Auswirkungen auf meine Karriere gehabt. Ich habe 15 Jahre gedient, das verletzt und enttäuscht natürlich."

Text: Verletzung und Enttäuschung bleiben auch bei Pogany zurück. Und die Erkenntnis, dass die Nation eine Lektion zu lernen hat:

O-Ton: „Das, was gelernt werden muss, ist, dass es hier so etwas wie unsichtbare Kosten gibt. Aber das Wichtigste ist, dass Traumata, sei es nach einem Kampf oder in anderen Lebensbereichen, behandelt werden müssen als geistige Verletzungen. Und eine geistige Verletzung muss genauso wie eine Verletzung am Bein behandelt werden."

(Abdruck mit freundlicher Genehmigung des Senders.)

Die USA gelten als führend in der Erforschung von Traumata und in der Traumatherapie. Und so scheint der US-amerikanische Psychiater Bessel van der Kolk, der international als einer der wichtigsten Traumaforscher gilt, Recht zu haben, wenn er in seinem Buch „Traumatic Stress", das heute schon als Standardwerk gilt, schreibt, dass die Psychiatrie *„periodisch an ausgesprochenen Amnesien litt, wobei gut fundierte Kenntnisse abrupt vergessen und die psychologischen Auswirkungen überwältigender Erfahrungen ausschließlich konstitutionellen oder intrapsychischen Faktoren zugeschrieben wurde* (v. d. Kolk S. 71)." Doch wer hätte gedacht, dass heute ausgerechnet in den USA die traumatisierende Wirkung eines Krieges geleugnet wird!

Mit der Diagnose Trauma scheinen Therapeuten ihre Schwierigkeiten zu haben. Besonders auffällig ist das verbreitete Nichtwissen über dieses Phänomen in Deutschland. Wurde in den USA bereits nach dem Zweiten Weltkrieg geforscht, vor allem aber in den siebziger Jahren nach dem Vietnamkrieg, lenkten deutsche Psychologen, Psychiater und Psychotherapeuten ihr Augenmerk erst Mitte bis Ende der achtziger Jahre auf dieses Thema. Doch auch heute noch ist es eher selten, dass sich Psychotherapeuten in der Traumasymptomatik auskennen, und viel zu wenig Patienten, die unter den Spätfolgen eines Traumas leiden, erhalten die Diagnose *„Posttraumatisches Belastungssyndrom"*. Vielleicht lässt sich die Frage nach dem Grund der deutschen Amnesie klären, wenn wir uns mit der Geschichte der Traumaforschung in der Psychiatrie befassen.

Immer ging es in der Psychologie um die Frage, weshalb sich Menschen „anders" verhalten als es der gesellschaftlich akzeptierten Norm entspricht. Bei der Erforschung der Ursachen von psychischen Symptomen rückten die schockartigen Erlebnisse in den Vordergrund. Doch ist es wirklich so, dass schlimme Erlebnisse ausreichen, um einen Menschen dauerhaft zu schädigen, oder leidet er deshalb an quälenden Symptomen, weil er schon vorher psychisch labil oder körperlich kränklich war? Entwickelt der Mensch Symptome, um

Aufmerksamkeit zu erregen oder um sich vor unliebsamen Aufgaben wie dem Dienst an der Front oder dem Erwerbsleben zu drücken? Oder können Erlebnisse so schrecklich sein, dass sie auch psychisch stabile Menschen ernsthaft verletzen? Gibt es überhaupt „echte" psychische Symptome?

Seit sich Ärzte mit der Psyche beschäftigen, sind das Trauma und seine Auswirkungen eines der wichtigsten Forschungsgebiete. Schon 1878 stellten die französischen Psychiater Briquet und Tardieu, die am berühmten Pariser Krankenhaus Salpetrière arbeiteten, einen direkten Zusammenhang zwischen Kindheitstrauma und Hysterie fest. Damals wurde auf Grund einer Studie an über 500 Kindern der sexuelle Missbrauch als Ursache für psychische Symptome erkannt (Crocq & De Verbizier, 1989 in v. d. Kolk. S. 73).

Etwa 10 Jahre später – 1889 – entwickelte Pièrre Janet eine Traumalehre, in der er die Ergebnisse der modernen Bewusstseins- und Gedächtnisforschung vorwegnahm. Janets Traumakonzept gilt noch heute als Grundlage vieler Traumatherapien. Das Konzept basiert auf folgenden, der systemischen Psychotherapie verwandten Grundsätzen:

- Das Bewusstsein des Menschen besteht aus verschiedenen Aspekten, die bei der gefestigten Persönlichkeit in gutem Austausch miteinander stehen.
- Es gibt schockartige Ereignisse, die der Menschen nicht zu integrieren vermag.
- Die belastende Erfahrung wird auf Grund der Überlastung abgespaltet – *dissoziiert*.
- Dissoziierte (abgespaltene, verdrängte) Erfahrungen äußern sich später in Form von psychischen und/oder körperlichen Symptomen.

Janet glaubte, dass nicht etwa Defizite in der Persönlichkeit des Patienten für seine Symptome verantwortlich seien, sondern traumatische

Erlebnisse, die den Betroffenen völlig überforderten. Um das Erlebnis zu therapieren, versuchte er deshalb, Zugang zu den Anteilen des Menschen zu erhalten, die das verdrängte Trauma gespeichert hatten, um diese wieder bewusst zu machen. Gelang es in der Therapie, die gesunden Anteile mit den traumatisierten zu verbinden, war die Integrität der Persönlichkeit wieder hergestellt und die Symptome verschwanden (Van der Hart & Brown & v.d.Kolk. 1989. Journal of Traumatic Stress, Vol 2, No. 4).

Sigmund Freud, der seine Lehrjahre an der Salpetrière verbrachte, wies auf den Zusammenhang von sexuellem Missbrauch im Kindesalter und einer späteren Psychoneurose hin. Noch 1896 formulierte er in seiner „Neurosenlehre", „*dass das Erleben einer sexuellen Beziehung im Kindesalter, die aus sexuellem Missbrauch durch eine andere Person resultiert* (in v. d. Kolk. S. 78)", und die nachfolgende völlige Verdrängung dieses Traumas die Ursache der Hysterie bei Erwachsenen sei. Dies löste jedoch einen Sturm der Empörung unter den Wiener Kollegen aus, so dass Freud, der um seine Existenz fürchtete, seine Erkenntnis 1899 wieder verwarf. Die Erinnerungen seiner erwachsenen Patienten an sexuellen Missbrauch verlegte er kurzerhand in den Bereich der Phantasie und entwickelte die Lehre vom Ödipuskomplex. Welche Auswirkungen der Widerruf Freuds auf wahrscheinlich Millionen von Patientinnen hatte, werden wir später genauer beleuchten.

Auch der Schweizer Psychiater Edouard Stierlin befasste sich mit dem Thema Trauma. Er war einer der ersten, der in einer Untersuchung, die auch heutigen wissenschaftlichen Kriterien standhält, den unmittelbaren Zusammenhang von Katastrophen und psychischen Symptomen der Betroffenen erfasste. Er untersuchte die Opfer von Erdbebenkatastrophen (1909, 1911) und wies darauf hin, dass diese schlimmen Ereignisse bei einer Vielzahl der Betroffenen Symptome ausgelöst hätten, die auch Jahre nach dem Unglück weiter fortbestünden. Er betonte, dass bei keinem der Betroffenen vor den Katastrophen eine besondere psychische Prädisposition, also eine besondere

Labilität, festgestellt worden sei. Damit bewies er sozusagen, dass die Symptomatik durch das Trauma der Naturkatastrophe ausgelöst worden war (Sachsse, Ulrich, S. 16). Er zeigte sich besorgt darüber, dass Ärzte sich nicht genügend darüber bewusst seien, dass traumatische Erlebnisse langwierige psychische Probleme verursachen könnten. Die Gefahr sei, dass die Betroffenen der Simulation bezichtigt würden.

Wenn wir uns vergegenwärtigen, dass dieses Wissen schon seit etwa 115 Jahren zur Verfügung steht, kommen wir nicht umhin, den Ursachen der Traumaamnesie in der Psychiatrie in Deutschland nachzugehen. Sowohl gesellschaftlich wie politisch gab es gute Gründe zu leugnen, dass traumatische Erlebnisse krank machten. Immerhin war Deutschland eine kriegführende Nation, die einen großen Bedarf an gesunden, starken Soldaten hatte. Soldaten galten als Helden, die ihr Vaterland liebten: der Dienst an der Front wurde als Ehre betrachtet. Die Tatsache anzuerkennen, dass diese Art „Vaterlandsliebe" die Männer schwer krank machte, war ideologisch nicht nur unerwünscht, sondern hätte die Moral der Truppe nachhaltig zersetzt. Aus diesem Grunde galt, dass nur minderwertige Männer psychische Symptome entwickelten, weil sie sich feige vor dem Dienst an der Front drücken wollten. In dieses Weltbild passte natürlich ebenso wenig, dass sich deutsche Männer sexuell an ihren Kindern vergingen.

Obwohl also schon Anfang des neunzehnten Jahrhunderts Ärzte den Zusammenhang von sexuellem Missbrauch, schockartigen Ereignissen und psychischen Symptomen wissenschaftlich bewiesen hatten, wurden diese Ergebnisse in Deutschland aus gesellschaftlichen und politischen Gründen weitgehend verdrängt.

Allerdings wurden Frauen anders beurteilt als Männer. Frauen durften nach einem schweren Verlust oder einem Unfall einige Zeit lang schwach sein, doch war die Zeitspanne begrenzt. Zeigte eine Frau nach Ablauf der gesellschaftlich zugebilligten Zeit noch Symptome, wurde ihr bescheinigt, die Symptome hätten so viele Vorteile für sie, dass dieser *„sekundäre Krankheitsgewinn"* (Freud) die eigentliche Ursache ihrer Befindlichkeit sei. Bekannt geworden ist in diesem Zusammenhang der Begriff „*Rentenneurose*". Man bezeichnete damit Menschen, von denen man annahm, sie produzierten nur deshalb psychische Symptome, um frühzeitig aus dem Erwerbsleben auszusteigen. Die Tatsache, dass sich die quälende Symptomatik auch nach Erhalt der Rente hartnäckig hielt, wurde wissenschaftlich nicht weiter ausgewertet (v. d. Kolk. S. 75).

In diesem Zusammenhang bedeutsam ist die Militärpsychologie, wobei es wieder gravierende Unterschiede zwischen den Forschungen in den USA und Großbritannien und in Deutschland gibt. Abraham Kardiner, ein Schüler Freuds, der in den USA Veteranen des Ersten Weltkriegs behandelte, brachte deren Kriegserlebnisse in direkten Zusammenhang mit ihren Symptomen. Er versuchte, ihnen durch eine psychoanalytische Kur zu helfen, war jedoch mit seinen Ergebnissen so wenig zufrieden, dass er 1941 sein Buch „*The Traumatic Neurosis of War*" veröffentlichte (ebd. S. 81 - 82).

Rivers hatte in Großbritannien mehr Erfolg. Er unterzog Soldaten, die psychische Symptome zeigten, einer drei- bis viermonatigen stationären Behandlung. Dabei kombinierte er die Psychoanalyse mit Trancesitzungen, um die Männer im Sinne Janets langsam an die traumatischen Erlebnisse heranzuführen. Durch das emotionale Wiedererleben des Traumas – gepaart mit stützenden Gesprächen – gelang es Rivers, immerhin zwei Drittel der Patienten symptomfrei zu machen. Die meisten wollten danach jedoch nicht mehr zurück an die Front (Rivers, 1917).

Ganz anders in Deutschland. Während des Ersten Weltkriegs wurden drastische Methoden angewandt, um die Soldaten wieder tauglich zu machen, getreu dem Ausspruch Friedrichs des Großen: „*Ein Soldat hat mehr Angst vor seinem Offizier als vor dem Feind.*" In der Psychiatrie wurden Soldaten dementsprechend traktiert. Sie wurden wochenlang in dunklen Räumen isoliert, erhielten keine Nahrung und wurden tagelang in feuchte Packungen gewickelt. Durch Kehlkopfsonden rief man Erstickungsangst hervor und wandte stundenlang schmerzhafte Elektroschocks an. Die Angst der Soldaten vor der Psychiatrie war deshalb sehr schnell größer als die vor der Front, und so kehrten viele „freiwillig" dorthin zurück. Fast niemand weiß, dass etwa die Hälfte der Psychiatriepatienten während des Ersten Weltkriegs verhungerte.

Nach dem Ersten Weltkrieg tagte die Gesellschaft deutscher Nervenärzte 1918 in München. Dort stellten die Herren Gaupp und Nonne in ihren Referaten fest, dass es eine traumatische Erkrankung als Kriegsfolge nicht gebe. Der Grund für die psychischen Symptome der Soldaten sei allein die Erwartung von Entschädigungszahlungen, weshalb den Betroffenen jede Unterstützung verwehrt wurde.

Eine Ausnahme war sicherlich der Psychiater Ernst Simmel, der, ähnlich wie Rivers in Großbritannien, Soldaten mit einer Kombination von Psychoanalyse und Trancesitzungen von ihren Symptomen befreite. Nachdem Hitler an der Macht war, durfte Simmel allerdings nicht mehr arbeiten, emigrierte mit seiner Familie in die USA und wirkte seitdem an der berühmten Menninger-Klinik in Topeka. So wie Simmel erging es den anderen Kollegen, die nach der Methode des *„Juden Freud"* arbeiteten oder gar selbst Juden waren. Konnten in den USA die Psychiater und Therapeuten auf bereits vorhandenes Wissen zurückgreifen, wurde die Psychiatrie in Deutschland während des Naziregimes zu einem Ort des Schreckens, der sich vor allem um drei Hauptaufgaben kümmerte:

- Um die Verhütung erbkranken Nachwuchses durch Zwangssterilisation von etwa 360 000 Patienten,
- um das Euthanasie-Programm, bei dem über 100 000 psychisch kranke Menschen ermordet wurden, nicht nur in Deutschland, sondern auch in Polen und der Sowjetunion und
- um die Kinderaktion, bei der Tausende geistig- und/oder körperbehinderte Kinder ermordet wurden.

Da es immer weniger Patienten gab, kam Deutschland mit immer weniger Psychiatrien aus. Diese wurden in Lazarette umgewandelt, und so fehlte es sowohl an Personal als auch an Gebäuden, ganz zu schweigen von der therapeutischen Lücke, die das Verbot der „Psychoanalyse" hinterließ. Das Naziregime war psychiatriefeindlich, doch ist die Ablehnung dieser Einrichtung nicht allein Hitler zuzuschreiben. Hitler stützte sich auf Charles Darwin, der 1859 die Lehre von der natürlichen Auslese propagiert hatte, in dem Sinne, dass die Stärkeren die Schwächeren besiegen und dadurch die Rasse kräftigen. Darwin schreibt:

„Unter den Wilden werden die an Körper und Geist Schwachen bald eliminiert; die Überlebenden sind gewöhnlich von kräftigster Gesundheit. Wir zivilisierten Menschen tun dagegen alles Mögliche, um diese Ausscheidung zu verhindern. Wir erbauen Heime für Idioten, Krüppel und Kranke... Infolge dessen können auch die schwachen Individuen der zivilisierten Völker ihre Art fortpflanzen. Niemand, der etwas von der Zucht von Haustieren kennt, wird daran zweifeln, dass dies äußerst nachteilig für die Rasse ist" (Darwin, 1871, S. 171-172).

Der *Sozialdarwinismus* traf im Dritten Reich auf offene Ohren und wurde pflichtgetreu umgesetzt. Verletzte Soldaten, die vermutlich wieder fronttauglich werden würden, erhielten die beste Pflege und die reichhaltigste Nahrung. Dies geschah auf Kosten der Menschen, die in psychiatrischen Krankenhäusern lebten. So kam die Einweisung in eine deutsche Psychiatrie fast einem Todesurteil gleich.

Nach dem zweiten Weltkrieg gab es in Deutschland keine funktionierende Psychiatrie und keine Psychotherapie mehr. Das deutsche Reich und die deutsche Ehre existierten nicht mehr. Aus Angst vor Verfolgung breitete sich in deutschen Familien das „große Schweigen" aus. Die Deutschen galten international als Täter, und Täter hatten kein Recht darauf, sich um eigene eventuell vorhandene seelische

Wunden zu kümmern. Die vertriebenen, geflüchteten und ausgebombten Zivilisten, die vielen Menschen, die um getötete Angehörige trauerten, und die vielen tausend durch Front und Gefangenschaft gebrochenen Soldaten *durften* gar nicht traumatisiert sein. Es sollte noch runde fünfundvierzig Jahre dauern, bis die Deutschen es wagten, sich mit ihrem Kriegstrauma auseinanderzusetzen.

Ganz anders in den USA und in Israel, wo die Überlebenden der Konzentrationslager intensiv betreut wurden. Da die Insassen dieser Lager vor ihrer Verschleppung hinsichtlich ihrer Gesundheit „ganz normale" Bürger gewesen waren, waren die Ergebnisse für die Wissenschaftler in gewissem Sinne objektiv. Bei allen Opfern wurde festgestellt, dass sie körperlich und seelisch schwer geschädigt waren. Alle konnten in ihrem späteren Leben schlechter mit Belastungen umgehen, die Immunlage war grundsätzlich schwächer und sie erreichten ein weniger hohes Lebensalter.

Besonders israelische Therapeuten befassten sich mit dem Phänomen der Weitergabe oder Übertragung von Traumata. Sie stellten fest, dass die Kinder der KZ-Überlebenden ebenfalls an Traumasymptomen litten, und zwar unabhängig davon, ob die Eltern mit ihnen über ihre Erlebnisse im KZ gesprochen hatten oder nicht. Kurt Grünberg zeigt in seinem Aufsatz *„Tradierung des Nazitraumas und Schweigen"* (Özkan & Sachsse & Streeck-Fischer. S. 34 – 63) am Beispiel einer jüdischen Klientin, die sich später umbrachte, auf, wie das Klima in der Familie vom Trauma der Eltern, die überhaupt nicht darüber sprachen, so sehr geprägt war, dass die Tochter selbst traumatisiert wurde und den Mut zum Weiterleben verlor.

Nachkommen von Opfern gelingt es oft viel schwerer, sich von solchen ererbten Traumata zu befreien, da sie ihr Trauma nicht an einem Erlebnis festmachen können. Für jüdische Nachkommen gibt es darüber hinaus im Gegensatz zu ihren Eltern keine Zeit vor der Shoah. Sie haben deshalb nicht die Möglichkeit, den Holocaust auszublenden. Aus therapeutischer Arbeit mit jüdischen Klienten wissen wir, wie sehr das Schicksal ihrer Vorfahren ihr Leben überschattet. Die meisten fühlen den unausgesprochenen Anspruch, das Volkstrauma persönlich tragen zu müssen. Besonders die Kinder von Eltern, die als einzige Nachkommen überlebt haben, stehen unter Druck. Sie sind die Hoffnung ihrer Familien, die Tradition und den Namen ihrer Sippe weiterzuführen. Doch die Vererbung von Trauma kennen nicht nur jüdische Nachkommen, sondern auch die Kinder der Sinti und Roma und darüber hinaus alle Kinder von Opfern, ganz gleich ob sie Opfer der Nazis oder der Siegermächte waren, die ja ebenfalls nicht gerade zimperlich mit der Zivilbevölkerung umgingen. Hier ist vor allem das Leid der Flüchtlinge zu nennen, vor allem aber das der Frauen und Kinder.

Beschränkte sich die Erforschung des Traumas und seiner Folgen bis in die siebziger Jahre auf die Auswirkungen des Zweiten Weltkriegs, wurden in den USA aufgrund des Vietnamkriegs neue Erkenntnisse gesammelt. Diese Forschung wurde jedoch nicht von der Armee oder dem Gesundheitsministerium initiiert, sondern von geschädigten Soldaten, die sich, weil ihre Symptome von den offiziellen Stellen nicht ernst genommen wurden, in Selbsthilfegruppen zusammenschlossen und Therapeuten engagierten. Die nach Vietnam geschickten Soldaten waren im Schnitt 19 Jahre alt und gesund. Nach ihrer Rückkehr litten sie an heftigen Symptomen, die denen von sexuell missbrauchten Kinder oder vergewaltigten Frauen glichen.

Sarah Haley, die selbst Tochter eines traumatisierten Soldaten und Opfer sexuellen Missbrauchs war, gelang bei der Zuordnung dieser Symptome zu traumatisierenden Erlebnissen ein entscheidender Durchbruch: Dank ihres Einsatzes wurde die Diagnose „*Posttraumatisches Belastungssyndrom (PTBS)*" 1980 erstmals in die internationalen Diagnosehandbücher aufgenommen (v. d. Kolk, S. 85 - 87). Nach diesem Durchbruch konnte in übergreifenden Studien ermittelt werden, wie viele psychische Erkrankungen ihren Ursprung ganz klar im Trauma haben. Diese Erkenntnis hatte eine entscheidende therapeutische Wirkung: Hatten früher Patienten gegen ihre kranke Psyche gekämpft, war also der Feind das eigene Innerste, so wurde ihnen durch die Diagnose PTBS klar, dass sie ganz normale Menschen waren, denen etwas Schreckliches zugestoßen war.

Wir wollen an dieser Stelle wieder zu Freud und der Geburtsstunde des Ödipuskomplexes zurückkehren. Freud hatte aufgrund des gesellschaftlichen Tabus die Möglichkeit eines realen Missbrauchs ausgeschlossen und die Erinnerungen seiner Patientinnen in den Bereich der Phantasie verlegt. Als Grundlage für seine Theorie benutzte er eine griechische Tragödie mit dem Titel „König Ödipus", ein um 429 v. Chr. von Sophokles geschriebenes Meisterwerk, das er allerdings auf seine Weise interpretierte. Um dem Leser eigene Schlüsse zu ermöglichen, fasse ich die Geschichte hier für Sie kurz zusammen:

Laios, dem König Thebens, wird prophezeit, dass ihm bestimmt sei, durch die Hand seines Sohnes Ödipus, dessen Geburt bevorsteht, zu sterben. Um diesem Schicksal zu entgehen, durchbohrt der Vater die Füße des drei Tage alten Säuglings, bindet sie zusammen und beschwert die Fessel mit einem Stein; ein Hirte soll das Kind im nächsten Fluss ersäufen. Doch der Hirte hat Mitleid mit dem Säugling, befreit ihn von seiner Fessel und übergibt ihn einem Boten des Königs Polybos von Korinth. Der kinderlos gebliebene Herrscher empfängt Ödipus als ein Geschenk der Götter und nimmt ihn an Sohnes statt an. Als der erwachsen gewordene Jüngling von einem Seher erfährt, dass ihm bestimmt sei, den Vater zu töten und die Mutter zu ehelichen, flieht er aus Korinth, um diesem Schicksal zu entgehen, weiß er doch nicht, dass er adoptiert ist.

Auf seinem Weg in die Fremde wird er von einem Herold, dem Begleiter eines alten Mannes, gewaltsam vom Wege abgedrängt. Das lässt sich der Königssohn aus Korinth nicht bieten. Es entwickelt sich ein Handgemenge, in dessen Verlauf ihn der alte Mann mit dem Doppelstachel „mitten übers Haupt" schlägt. Ödipus kämpft um sein Leben und tötet den Alten. Als er danach Theben erreicht, befreit er die Stadt von einer Sphinx, indem er ihr Rätsel löst, und heiratet Jokaste, die verwitwete Königin. Jahre später wird die Stadt von der Pest heimgesucht. Man befragt die Götter, und der Seher Teiresias verkündet, dass die Ursache der Seuche in einer Schuld bestehe, die ein Mächtiger der Stadt auf sich geladen habe. Langsam aber sicher kommt die Wahrheit ans Licht. Der Bote des Polybos taucht auf und teilt Ödipus mit, dass er nicht der Sohn des Königs von Korinth sei – die Löcher in seinen Füßen sind der Beweis dafür – sondern der Sohn des Laïos, jenes Alten, den er beim Handgemenge tötete. Als ihm gleichzeitig klar wird, dass dessen Frau Iokaste seine Mutter ist, schwanger von ihm, von ihrem Sohn, kennen seine Not und sein Elend keine Grenzen. Iokaste, die die Wahrheit nicht erträgt, erhängt sich. Als Ödipus das sieht, reißt er eine Schmucknadel aus ihrem Gewand und sticht sich diese mehrfach in die Augen. Nach allem, was durch ihn geschehen ist, will er das Licht der Sonne nicht mehr sehen.

Freud interpretierte die Tragödie in seiner Theorie vom Ödipuskomplex in dem Sinne, dass jedes Kind in der phallischen Phase (4 – 5 Jahre) den gegengeschlechtlichen Elternteil sexuell begehre und damit zum natürlichen Gegner des gleichgeschlechtlichen Elternteils werde, den es aggressiv bekämpfe (v. d. Kolk. S. 77 - 81). Doch gehen die Aggressionen in der Tragödie nicht eindeutig vom Vater aus? Oder bestätigte Freud damit, dass er Ödipus wählte, um seine Theorie zu benennen, unbewusst seine ursprüngliche Überzeugung von der tatsächlich stattgefundenen sexuellen Gewalt gegen Kinder?

Die Abkehr Freuds von der Möglichkeit des sexuellen Missbrauchs der Kinder und die Deutung ihrer Erinnerungen als kindlich aggressive Phantasien war für die Betroffenen äußerst folgenreich: Aus den missbrauchten Opfern wurden plötzlich Täterinnen, die zur Befriedigung ihrer gewaltvollen Sexualität vor nichts zurückschreckten!

Freud hatte, wie eine seiner Anhängerinnen, Marie Bonaparte, schrieb, *„die Lüge der Hysterikerin durchschaut... die regelmäßige Verführung durch den Vater ist ein Phantasiegebilde"* (Egle S. 118). Seinem

Weggefährten Karl Abraham überließ es der Meister, das Thema „Verführungstheorie" zum Abschluss zu bringen, das *„letzte Wort in der Frage der traumatischen Ätiologie" zu sprechen"* (Freud 1914, S. 55). Abraham kam der Bitte nach und formulierte, Kinder hätten *„ein abnormes Begehren nach sexuellem Lustgewinn"*. Er glaubte, den Nachweis führen zu können, *„dass in einer großen Anzahl von Fällen das Erleiden des sexuellen Traumas vom Unbewussten des Kindes gewollt wird, dass wir darin eine Form infantiler Sexualbetätigung zu erblicken haben"* (Abraham 1907, S.166). Aus der Verdrängung dieses Begehrens entstünden dann die psychischen Symptome.

Der Diplompsychologe Sebastian Krutzenbichler nennt in seinem Aufsatz *„Sexueller Missbrauch als Thema der Psychoanalyse von Freud bis zur Gegenwart"* dieses Zitat Karl Abrahams *„ ... das beschämendste der Psychoanalyse zum sexuellen Missbrauch gegen Kinder und lange Zeit in der Tat das Letzte, im wörtlichen und doppelten Sinne. Er ist ein Wegweiser zu jahrzehntelangem Verleugnen und implizitem Kommunikationsverbot innerhalb der psychoanalytischen Gemeinschaft zum Thema – zwei der wichtigen Spezifika in Missbrauchsfamilien!* (Krutzenbichler in Egle, S. 119).

Aus dem Mädchen, das ursprünglich Opfer eines realen Missbrauchs durch den Vater oder einen anderen erwachsenen Mann geworden war, wurde eine „Hysterikerin", eine Täterin, die sich aufgrund ihrer aggressiven Sexualität immer wieder in Situationen begab, in denen sie vergewaltigt wurde. Abraham klassifiziert dieses Bedürfnis als *„eine allgemeine psychologische Eigenschaft des Weibes in übertriebener Form"* (ebd. S.119).

Auch die Analytiker verstanden sich in vielen Fällen als Opfer der aggressiven Sexualität ihrer Klientinnen. Einige Herren der ersten Stunde scheinen diesen „Angriffen" nicht viel entgegengesetzt zu haben: C.G.Jung erlag den „Liebesattacken" seiner Patientin Sabina Spielrein. Otto Groß schlief mit drei Klientinnen: Einer verhalf er später zum Selbstmord, eine zweite wurde psychotisch und brachte sich ebenfalls um, die dritte verließ er, als sie schwanger wurde, und ermutigte auch sie, ihrem Leben ein Ende zu setzen (ebd. S. 120). Damit nicht genug! Von Otto Rank und René Allendy, dem Gründer der französischen psychoanalytischen Gesellschaft, ist bekannt, dass sie ihre Klientin Anais Nin missbrauchten. Sandor Ferenczi schlief mit seinen Patientinnen und Ernest Jones musste gar aus den USA nach Kanada fliehen, weil er als Kinderpsychiater mehrere kleine Patienten belästigt hatte (ebd. S. 121).

Aufgeschreckt gab Freud die Order der „therapeutischen Abstinenz". Von jetzt an mussten sich seriöse Analytiker jeder emotionalen menschlichen Regung gegenüber ihren Patienten enthalten, um die wilde sexuelle Lust nicht in ihnen zu wecken. Vor diesem Hintergrund können wir nachvollziehen, woher die Männerphantasien über das gefährlich liebestolle Weib stammen, dem der Mann zum Opfer fällt.

Sandor Ferenczi, der dafür bekannt war, dass er Patientinnen heilte, die andere Analytiker aufgegeben hatten, verabschiedete sich 1933 ganz offiziell vom Ödipuskomplex. Er glaubte seinen Patientinnen und stellte „*deren tatsächliches Kindheitstrauma in den Mittelpunkt der psychoanalytischen Behandlung*" (ebd. S. 121). Ferenczi beklagte, dass seine Kollegen keinen Bezug zur Realität ihrer Klienten herstellten. Er schrieb 1933 in der angesehenen „Internationalen Zeitschrift für Psychoanalyse":

„*Das Sexualtrauma als krankmachendes Agens kann nicht hoch genug angeschlagen werden ... Auch Kinder angesehener, von puritanischem Geist beseelter Familien fallen viel öfter, als man es zu ahnen wagte, wirklichen Vergewaltigungen zum Opfer. Entweder sind es die Eltern selbst, die für ihre Unbefriedigtheit auf diese pathologische Art Ersatz suchen, oder aber Vertrauenspersonen, wie Verwandte (Onkel, Tanten, Großeltern), Hauslehrer, Dienstpersonal, die Unwissenheit und Unschuld der Kinder mißbrauchen. Der naheliegende Einwand, es handle sich um Sexualphantasien des Kindes selbst, also um hysterische Lügen, wird leider entkräftet durch die Unzahl von Bekenntnissen dieser Art, von Sichvergehen an Kindern, seitens Patienten, die sich in Analyse befinden ...*" (XIX 1933 Heft 1/2).

Der Text, in dem dieser Satz vorkam, wurde von der Psychoanalytischen Gesellschaft verworfen. Freud verlangte von Ferenczi, auf die Veröffentlichung zu verzichten. Sie erschien erst 1961. Anna Freud meinte dazu: *„Wenn man die Verführungstheorie aufrecht erhält, dann bedeutet das die Preisgabe des Ödipuskomplexes und damit der gesamten Bedeutung der bewussten wie unbewussten Phantasien. Danach hätte es meines Erachtens keine Psychoanalyse mehr gegeben* (Krutzenbichler in Egle, S. 118).

Der reale Missbrauch an Kindern wurde von der Psychoanalytischen Gesellschaft jahrzehntelang geleugnet. Es gab keine wissenschaftliche Auseinandersetzungen darüber, keine Dialoge, keine Veröffentlichungen. Sebastian Krutzenbichler nennt diese Zeit *„ein dunkles Kapitel der eigenen Geschichte"* (Krutzenbichler in Egle, S. 115). Als in der zweiten Hälfte der siebziger Jahre feministische Beratungsstellen und Kinderpsychiater anfingen, den Berichten der Kinder Glauben zu schenken, geriet die Psychoanalyse unter massive Kritik. Doch es dauerte tatsächlich noch einmal zehn Jahre, bis sich die Psychoanalytische Gesellschaft ganz offiziell dieses Themas annahm.

Heute üben aufgeklärte Kreise der Psychoanalytischen Gesellschaft Selbstkritik. Der erste Analytiker, der 1976 offen die Verleugnung des Inzests kritisierte, war Joseph Peters; Shengold prägte 1979 den Begriff *„Seelenmord"* für sexuellen Missbrauch und machte ihn damit zur Tatsache. Der New Yorker Analytiker Klein beklagte 1981 die tragischen Auswirkungen der Einführung des Ödipuskomplexes und auch Anna Freud stellte 1981 fest, dass Inzest schlimmer wirke als Vernachlässigung und Misshandlung.

Auch der Missbrauch von Therapeuten an Klientinnen geriet in die Diskussion. Zwischen 1996 und 1998 entstanden Studien, die 267 psychoanalytische Therapieverläufe untersuchten und dabei auf 20 % schwere und 38 % leichtere Fälle von sexuellem Missbrauch der Analysandinnen durch ihre Analytiker stießen (Krutzenbichler in Egle, S.124). Seit Mitte der neunziger Jahre scheint es möglich zu sein, offen über diese Problematik zu sprechen.

Da Inzestopfer dazu neigen, ihre Erfahrungen zu wiederholen, sind sie besonders gefährdet, von ihren Therapeuten missbraucht zu werden, da sie scheinbar willig auf solche Angebote eingehen. Auch mir persönlich sind einige solcher Fälle bekannt. Die Klientinnen stehen im gleichen Dilemma wie in ihren Familien, ist doch der Therapeut auch ein Mann, der nett, verständnisvoll und liebevoll zu ihnen sein sollte und es in vielen Fällen tatsächlich ist. Der sexuelle Übergriff wird als unvermeidliche Dreingabe akzeptiert, das Geheimnis muss gewahrt bleiben und der Täter wird geschützt. Selbst bei wirklich krassen Fällen gelang es mir nicht, die Klientin zu einer Anzeige ihres Therapeuten zu motivieren.

Abschließend möchte ich betonten, dass es nicht nur Analytiker sind, die ihre Klientinnen sexuell missbrauchen. Auch Vertreter anderer Therapierichtungen machen sich dieses Vergehens schuldig. Es ging mir beim historischen Rückblick auch nicht darum, die Psychoanalyse „in den Dreck zu ziehen". Sie leistete jedoch einen gewichtigen Beitrag zur allgemeinen Trauma-Amnesie, die wir noch heute beklagen und unter der unzählige Frauen leiden.

Es gibt eine Vielzahl von neuen analytischen Untersuchungen und Veröffentlichungen und eine auf der Psychoanalyse basierende Traumatherapie für Inzestopfer. Viele verantwortlich arbeitende Kolleginnen und Kollegen unterstützen ihre Klienten und helfen ihnen bei der seelischen Gesundung. Den Nutzen einer Analyse habe ich selbst durch eine Therapeutin genossen, die mich einige Zeit lang liebevoll auf meinem Weg begleitete und mir den Freudschen Kosmos erschloss. Dass ich fast alle Werke Freuds begeistert verschlang und meine Abschlussarbeit über die Psychoanalyse schrieb, sei nur im Nebensatz erwähnt. Heute ist die Tatsache, dass Kinder sexuell missbraucht und in ihrer Entwicklung geschädigt werden, in Deutschland kein Tabuthema mehr. Doch dass viele schwerwiegende Symptomkomplexe wie zum Beispiel das Borderline-Syndrom und die Somatisierungsstörung auf einer Traumatisierung in der Kindheit basieren, scheint auch heute noch Spezialwissen zu sein. Neben der allgemeinen Amnesie der Therapeuten sind in Deutschland jedoch Zentren entstanden, die sich hochqualifiziert der Aufgabe widmen, traumatisierten Menschen zu helfen. Die Wartezeit auf einen freien Platz beträgt durchschnittlich bis zu acht Monate, was beweist, dass es einen hohen Bedarf an qualifizierten Helfern und Therapeuten gibt.

Warum befassen sich nicht mehr Kollegen mit diesem doch so wichtigen Thema? Bessel van der Kolk stellt in seinem Buch zur Diskussion, dass die Amnesie bezüglich des Traumas möglicherweise ihren Ursprung darin habe, dass wir uns eingestehen müssten, unser Schicksal nicht beherrschen zu können. Trauma konfrontiert uns mit der Möglichkeit des eigenen Kontrollverlusts, mit der Möglichkeit, machtlos und ausgeliefert zu sein. Dieses Gefühl ist schwer zu ertragen, denn es stellt sich die Frage, ob es auf diesem Planeten überhaupt Sicherheit gibt und wo sie gefunden werden kann. Auf diese Frage muss sicher jeder Mensch seine eigene Antwort finden.

Die Ursachen von Traumata

Alle Menschen kennen Situationen, die sie als belastend empfinden, möglicherweise als extrem belastend. Obwohl der Einzelne die Belastung als äußerst quälend wahrnimmt, muss er dennoch nicht zwingend auch traumatisiert sein. Was unterscheidet eine belastende Lebenssituation von einem Trauma?

Dazu ein Beispiel: Stellen Sie sich vor, Sie fahren Ski, stürzen und brechen sich ein Bein. Es ist heller Tag, Sie haben Ihr Handy bei sich, es gelingt Ihnen, es aus der Tasche zu ziehen und Hilfe zu rufen. Kurze Zeit später werden Sie ins Krankenhaus transportiert.

Auf Krisen reagiert unser Körper autonom, indem er das Hormon Adrenalin ausschüttet, was unseren Organismus befähigt, entweder zu flüchten – uns der Situation zu entziehen – oder zu kämpfen, also aktiv auf die Situation zu reagieren – *fight or flight*. In unserem Beispiel wurden Sie aktiv, Sie ergaben sich nicht einfach Ihrem Schicksal, sondern nutzten Ihre Möglichkeiten, um Ihr Leben zu retten. Sie haben eine belastende Lebenssituation erlebt und gemeistert.

Wiederholen wir unsere Wintersportgeschichte: Sie fahren Ski, stürzen und brechen sich ein Bein. Es ist bereits dämmrig, Sie haben kein Handy bei sich und können keine Hilfe holen. Sie rufen und schreien, ohne dass Sie jemand hört. Es wird immer kälter und dunkler und es wird Ihnen klar, dass Stunden vergehen können, bis es irgend jemandem auffällt, dass Sie fehlen. Sie realisieren, dass Sie erfrieren könnten und erleben eine traumatische Situation, in der Sie nicht mehr fähig sind, sich und Ihre Umwelt zu kontrollieren. Sie befinden sich hilflos und ohnmächtig in einer Situation, in der weder Kampf noch Flucht möglich ist – in einer „*traumatischen Zange*". Wenn Sie überleben, kann es sein, dass Ihr Selbstverständnis, Ihre Autonomie, Ihr Weltbild und möglicherweise auch Ihr Glaube dauerhaft erschüttert sind. Obwohl Ihr Körper Adrenalin zur Verfügung stellt, können Sie im Gegensatz zur ersten Version weder flüchten noch können Sie aktiv werden und kämpfen – *no fight, no flight!* Viele Betroffenen beschreiben nach einer ähnlichen Situation eine Art von emotionaler Erstarrung, so als befänden sie sich unter einer Käseglocke. Sie nehmen nur noch einzelne Aspekte des Erlebnisses wahr und sind nicht mehr in der Lage, ihre Situation zusammenhängend zu begreifen, geschweige denn sie zu verbalisieren. Die englischen Begriffe dazu heißen: *freeze and fragment.* Je nach Schwere des Ereignisses können die „Erinnerungssplitter" so weit verdrängt werden, dass das Erlebnis in seiner Ganzheit nicht mehr erinnert wird.

Wir wagen eine Definition: Ein Trauma ist ein Ereignis, das den Menschen unvorbereitet und meist plötzlich überfällt, ohne dass der Betroffene etwas dagegen tun kann. Er wird von der Situation völlig überfordert und fühlt sich ausgeliefert. Sein Leben ist – objektiv oder nach seiner subjektiven Einschätzung – in Gefahr. Ein solches Trauma nennen wir in der Fachsprache ein *traumatisches Einzelereignis,* weil es sich um ein einmaliges Ereignis handelt und der Betroffene klar zwischen der Zeit davor und der Zeit danach unterscheiden kann. Auch Gewaltverbrechen, Verkehrsunfälle und plötzliche Todesfälle gehören in diese Kategorie.

Wenn sich traumatische Einzelereignisse – zum Beispiel als Folge von Kriegen – mit allen Begleiterscheinungen für die Soldaten und die betroffene Zivilbevölkerung häufen, sprechen wir von einer *mehrfachen Traumatisierung.* Die durch den Zweiten Weltkrieg gesetzten Traumata prägen das Seelenleben und damit das Familienleben mehrerer Generationen. Doch wir müssen gar nicht so weit zurückschauen. Vielen von uns werden die Bilder der völlig verängstigten Kinder aus dem Kosovo noch im Gedächtnis sein, die im nicht enden wollenden Flüchtlingstreck nach Mazedonien zogen. Heute sind es die Bilder aus dem Irak und dem Sudan, die uns zeigen, wie erbarmungslos Kriege traumatisieren. Bei solchen Katastrophen wie auch bei Terroranschlägen und Naturkatastrophen sprechen wir von einer *kollektiven Traumatisierung,* da viele Menschen ein ähnliches Schicksal erleiden.

Es gibt aber auch Erlebnisse, die zwar belasten, aber keine bleibenden Folgen hinterlassen. Traumatisierend wirken sie erst dann, wenn sie sich ständig wiederholen. Obwohl die belastende Situation erwartet wird – sich also nicht überraschend ereignet – , schädigen *serielle Traumaerfahrungen* genauso wie das Einzelereignis. Von seriellen Traumaerfahrungen sind vor allem Kinder, aber auch Erwachsene betroffen, die wiederholten psychischen und/oder körperlichen Misshandlungen in ihren Familien oder ihrem Umfeld ausgesetzt sind oder die vernachlässigt werden. Auch eine unklare, doppeldeutige Kommunikation, die dem Menschen ständig den Eindruck vermittelt, nicht richtig wahrzunehmen und zu fühlen, wirkt auf Dauer traumatisierend (Bateson, Ökologie S. 264). Die von einem solchen *Beziehungstrauma* Betroffenen kennen keine entspannte Lebensperiode.

Der sexuelle Missbrauch an Kindern gehört leider meist auch zu den seriellen Traumaerfahrungen. Er nimmt hier insofern eine Sonderstellung ein, als auch einmalige sexuelle Gewalt ein Kind bereits traumatisiert. Durch die ständige Wiederholung wird diese Erfahrung keinesfalls abgeschwächt. Im Gegenteil! Je länger ein Missbrauch dauert, umso schwerer nimmt die Seele Schaden.

Unserer Meinung nach gehören die Grausamkeiten des Arbeitslebens ebenfalls zu den seriellen Traumaerfahrungen. *Mobbing* ist zu einem ernst zu nehmenden volkswirtschaftlichen Schadensfaktor geworden. Viele Arbeitnehmer, Angestelle aber auch Manager reiben sich in solchen Situationen gesundheitlich und psychisch völlig auf. Einer unserer Klienten unternahm auf Grund einer schlimmen Mobbingsituation einen Suizidversuch, einen anderen konnten wir gerade noch davor bewahren. Auch in Schulen greift Mobbing deutlich um sich. Es vergeht kaum ein Tag, an dem man in großen deutschen Zeitungen nicht von Übergriffen älterer Jugendlicher auf Jüngere lesen kann. Da die ersten Lehrer wegen unterlassener Hilfeleistung verurteilt wurden, sind sie heute eher bereit, die Klagen der Kinder nicht einfach als „petzen" abzutun, sondern ernst zu nehmen.

Der zwölfjährige Sohn einer Klientin wurde monatelang von einer Gruppe Jugendlicher gequält. Die Jungen schlugen ihn, steckten seinen Kopf in die Toilette und drohten Schlimmeres an, wenn er seinen Eltern etwas sagen würde. Die Mutter schrieb den Wunsch ihres Sohnes, beim Duschen die Badezimmertür hinter sich abzuschließen, der nahenden Pubertät zu. Sie konnte nicht ahnen, dass er Angst hatte, sie könnte Fragen wegen seiner vielen Prellungen stellen. Erst als der Junge schwere körperliche Symptome entwickelte, kam durch eine ärztliche Untersuchung zum Entsetzen der Eltern die ganze schlimme Wahrheit ans Licht.

Wenn Kinder plötzlich Ängste entwickeln, morgens Bauchschmerzen haben oder andere Gründe finden, um nicht in die Schule zu müssen, muss es sich nicht unbedingt um ungeliebte Fächer oder Lehrer oder um Leistungsdruck handeln. Ich rate allen Eltern, das Umfeld ihres Kindes sorgfältig zu prüfen, um auszuschließen, dass es von anderen terrorisiert wird.

Das Lebensalter eines Menschen spielt ebenfalls eine wichtige Rolle. Für Säuglinge können Situationen traumatisch sein, die ältere Kinder allenfalls als belastend empfinden. Einen Sonderfall stellen Traumata dar, die durch Krankenhausaufenthalte im Säuglings- oder Kleinkindalter entstehen. Schon allein der medizinische Eingriff reicht aus, um ein Kleinkind oder einen Säugling zu traumatisieren. Doch damit nicht genug, verbot man den Eltern bis in die achtziger Jahre, ihre Kinder in der Klinik zu besuchen, so dass sie oft wochenlang von ihnen getrennt waren. Theodor Hellbrügge, Professor für Sozialpädiatrie an der Universität München, schreibt, dass ein politischer Beschluss des Münchner Stadtrates nötig war, um die sich heftig sträubenden Chefärzte der Kinderkliniken dazu zu zwingen, ihre Kinderstationen für die Eltern zu öffnen (Hellbrügge, S. 40). Alle von solchen Trennungserlebnissen betroffenen Kinder erlitten ein *Verlassenheitstrauma*. Ein solches Trauma wirkt sich später vor allem in zwischenmenschlichen Beziehungen aus, wenn erwachsene Personen, aus ihnen selbst unerklärlichen Gründen, an Eifersucht und Verlassensängsten leiden.

Es ist leider auch heute noch nicht selbstverständlich, dass Kleinkinder von ihren Eltern im Krankenhaus unterstützt werden dürfen. Die Kombination von Schmerzen, überwältigenden Erlebnissen durch therapeutische Eingriffe und dem Gefühl, von den Eltern verlassen zu sein, erlebt jedes Kind als traumatisch. Der Hamburger Kinderpsy-chiater Riedesser schreibt darüber:

„Diagnostische und therapeutische Überfälle auf unvorbereitete Kleinkinder, deren Eltern weggeschickt worden sind, gehören leider immer noch, wenn auch nicht mehr so häufig wie früher, zum Alltag der Kliniken" (Riedesser in Hellbrügge, S. 165).

Man kann auch traumatisiert werden, ohne selbst Opfer einer unmittelbaren körperlichen Bedrohung zu sein, indem man zum Beispiel das Trauma anderer miterlebt. Diese Erfahrung machen vor allem Polizisten, Notärzte und Sanitäter bei schweren Verkehrsunfällen oder Naturkatastrophen. Im Unterschied dazu können Therapeuten und pflegerisch tätige Personen dadurch traumatisiert werden, dass sie sich täglich mit den Traumata anderer Menschen befassen. Mit diesem Phänomen machte ich beim Schreiben dieses Buches und bei der Vorbereitung der Fortbildungskurse in unserem Institut reichlich Erfahrung. Mein Unbewusstes signalisierte mir durch heftige Albträume, wann ich mit der psychischen Hygiene geschludert hatte und es Zeit wurde, eine längere „traumafreie" Pause einzulegen.

Von dieser *indirekten Traumatisierung* sind auch die Kinder traumatisierter Eltern betroffen, die entweder versuchen, die psychischen Schädigungen ihrer Eltern, in die sie sich emphatisch einfühlen, auszugleichen, oder die unter der plötzlichen emotionalen Unsicherheit ihrer Schutzpersonen leiden. Oftmals entwickeln sie selbst Symptome. Die indirekte Traumatisierung von Kindern erforschte das Therapeutenteam um Daniel Schechter bei der Behandlung von Familien nach dem 11. September 2001 in New York (Schechter in Brisch/Hellbrügge, S. 235-255).

Doch auch länger zurückliegende Traumata aus dem Zweiten Weltkrieg können sich emotional auf Kinder übertragen. In unseren Seminaren erleben wir das sehr häufig. Glücklicherweise ist es viel leichter, sich von einem solchen übernommenen Trauma zu befreien als von einem selbst erworbenen. Viele unserer Klienten gaben diese Last, die sie unbewusst getragen hatten, in einer einzigen Sitzung ab und führten danach ein leichteres Leben.

Die dramatischen Einzel- und Mehrfachereignisse werden im amerikanischen Sprachraum, aus dem die Traumaforschung stammt, „Big-T-Traumas" genannt. Darunter fallen Erlebnisse, die durch Kriege, Gewaltverbrechen, Terroranschläge, schwere Unfälle und Naturkatastrophen verursacht wurden. Es sind überwiegend Klienten mit „Big-T-Traumas", die in Psychiatrien und Traumazentren versorgt werden.

Unter dem Begriff „small-t-trauma" werden dagegen die vielen „kleinen" Katastrophen zusammengefasst, die einen Menschen in seiner Familie oder in seinem Umfeld ereilen und die sich mit der Zeit summieren: körperliche und psychische Misshandlungen, Vernachlässigung und natürlich sexuelle Übergriffe durch meist männliche Familienangehörige.

Der Begriff „small-t-trauma" ist meiner Überzeugung nach unpassend, da er suggeriert, das Leid der Menschen sei weniger schlimm. Das ist jedoch nicht der Fall, denn die Symptomatik unterscheidet sich nur unwesentlich! Im Gegensatz zu denjenigen, die ein schlimmes traumatisches Einzelereignis benennen können, glauben die Klienten, die an einem „small-t" leiden, eigentlich keinen Grund dafür zu haben, dass es ihnen schlecht geht. Körperliche, sexuelle und verbale Gewalt und/oder mehrdeutige Kommunikation waren in ihren Familien ganz normal. Mit der Zeit verinnerlichten sie die Meinung ihrer Familien, es liege ausschließlich an ihnen selbst, dass es ihnen so schlecht gehe, und sie sind von ihren Defiziten überzeugt. Aus diesem Grund kann die Heilung der seelischen Wunden durch ein *„small-t-trauma"* länger dauern als die eines *„Big-T-Traumas"*. Abschließend noch einmal alle Ursachen von Traumata in der Übersicht:

1. **Naturkatastrophen**
   - Erbeben, Vulkanausbrüche, schwere Stürme, Überschwemmungen

2. *Durch Menschen direkt oder indirekt verursachte Katastrophen; Gewalttaten:*
   - Verkehrsunfälle, Großbrände, Verseuchung der Umwelt, Kernkraftunfälle
   - Mobbing, Stalking, psychische und physische Gewalt
   - Katastrophen als Folge menschlicher Aggressivität und Grausamkeit wie Geiselnahme, Kidnapping, Terrorismus, Folter, Krieg

3. *Sexuelle Gewalt und ihre Vermarktung*
   - Sadismus und sexuelle Ausbeutung und deren Darstellung und Vermarktung im Internet wie zum Beispiel Kinderpornographie
   - erzwungene Prostitution
   - rituelle sexuelle Gewalt durch Satanisten

4. *Katastrophen innerhalb der Familie*
   - Emotionale und körperliche Misshandlung, sexueller Missbrauch und/oder massive Vernachlässigung
   - Erleben schwerer Gewalttätigkeit an anderen
   - schwere Trennungserlebnisse
   - Alkohol- oder Drogensucht von Familienmitgliedern
   - schwere Erkrankungen, Tod der Eltern, der Kinder oder eines Partners

Nicht alle Menschen, die ein Trauma erleben, entwickeln Symptome. Es scheint durchaus Möglichkeiten zu geben, Traumata zu verarbeiten. Durch die Arbeit der Entwicklungspsychologin Emmy Werner, auf deren Lebenswerk wir im nächsten Kapitel eingehen, kennen wir heute die Schutzfaktoren, die bei einer glücklichen Verarbeitung helfen, aber auch die Risikofaktoren, die die Wahrscheinlichkeit erhöhen, dass ein Mensch das Trauma nicht gut verarbeitet und danach Symptome oder Verhaltensweisen zurückbehält, die ihn selbst stören und behindern.

Einer der wichtigsten Faktoren ist *Armut*. Daraus resultieren häufig beengte bis völlig unzureichende Wohnverhältnisse. Familie und Freunde leben meist ähnlich und können nicht wirklich helfen. Nicht nur in der Dritten Welt finden wir in den Slums großer Städte solche Zustände; auch in den USA und in Europa, vor allem in den ehemaligen Staaten der Sowjetunion gibt es genügend Menschen, die unter armseligen Bedingungen leben müssen. Dass die Gewaltbereitschaft in solchen Gegenden wächst, können wir täglich den Nachrichten entnehmen.

Dysfunktionale Familienstrukturen, die durch Streit, Aggression und Gewalt geprägt sind und in denen die Misshandlung von Kindern zum Alltag gehört, stellen ebenfalls einen Risikofaktor dar. Hier ist auch der Selbstmord eines Elternteils zu nennen, der tiefe Spuren in der Seele jedes betroffenen Kindes hinterlässt. Aber auch die Scheidungskriege von Paaren, die vergessen, dass sie in erster Linie Eltern für ihre Kinder sind und diese als Druckmittel gegenüber dem Expartner missbrauchen, können den Nachwuchs traumatisieren.

Wenn Vater oder Mutter oder beide Eltern an einer *Sucht* erkranken, sind die Auswirkungen bei den Kindern meist deutlich zu erkennen. Selbst wenn der Süchtige nicht gewalttätig ist, wird die Sucht vor der Außenwelt meist geheim gehalten – mit allen Folgen für die Kinder. In unsere Praxis kamen einige Familien wegen eines Kindes, das sich in Kindergarten oder Schule in eisernes Schweigen hüllte. Häufig waren Familiengeheimnisse wie zum Beispiel die Alkoholsucht eines Elternteils die Ursache. Da dem Kind unter Strafandrohung verboten wurde, darüber zu sprechen, sagte es lieber gar nichts, um nur ja keinen Fehler zu machen.

Ist das Suchtmittel legal nicht zu erwerben, so dass Vater oder Mutter *straffällig* werden und ins Gefängnis müssen, bleiben die Kinder mit ihrer Scham allein. Das Erlebnis, dass einer der Eltern zum Schutze der Gesellschaft eingesperrt wird, wirkt zutiefst demütigend und verwirrend. In unseren Seminaren erleben wir immer wieder, dass solche Erfahrungen unter dem Siegel der Verschwiegenheit nur uns und nicht der Gruppe anvertraut werden.

Schwere Krankheiten von Familienmitgliedern können ebenfalls traumatisieren, besonders wenn Vater oder Mutter daran sterben. Der Verlust eines geliebten Menschen ist für jeden schwer zu verkraften, besonders aber für Kinder. Auch eigene schwere körperliche Erkrankungen und Operationen, die lange Krankenhausaufenthalte nach sich ziehen, bergen die Gefahr einer Traumatisierung.

Die Kinder körperlich Erkrankter haben meistens einen guten Rückhalt in der Gesellschaft. Kinder von psychisch kranken Eltern werden dagegen heute noch ausgegrenzt. So haben sie außer der problematischen Erfahrung, mit einem Elternteil zusammenzuleben, der emotional oft unberechenbar oder überhaupt nicht ansprechbar ist, auch noch mit Einsamkeit zu kämpfen. Ich kenne kaum einen Menschen, der durch ein solches Schicksal nicht geprägt worden wäre. Psychische Erkrankungen wurden früher häufig gar nicht diagnostiziert; die Menschen galten ganz einfach als wunderlich. Viele Klienten erkennen erst heute, dass sie Kinder von psychisch kranken Eltern sind und verstehen sich in ihrer Symptomatik.

Wenn die Eltern bereits durch Flucht oder Vertreibung traumatisiert wurden, kann sich dieses Erleben, wie schon erwähnt, auch auf die Kinder übertragen. Heute haben vor allem Asylanten oder Einwanderer und deren Kinder ein hohes Risiko, an traumabedingten Symptomen zu erkranken.

Von allen Traumata sind es die Naturkatastrophen, die wohl besser zu verarbeiten sind, weil hier das Vertrauen zur Familie und zu den Mitmenschen grundsätzlich nicht erschüttert wird. Außerdem sind meist viele Menschen betroffen, die miteinander über das Ereignis sprechen, was die Integration des Erlebnisses erleichtert. Dadurch bleibt den Betroffenen das Gefühl der Isolation erspart, das viele Traumatisierte empfinden, die allein zum Opfer geworden sind. Wenn durch die Naturkatastrophe jedoch Angehörige gestorben sind, wie zum Beispiel beim Tsunami 2004, haben die Betroffenen noch Jahre später mit den Folgen zu kämpfen.

Wenn das Trauma durch einen anderen Menschen verursacht wurde, ist es für den Betroffenen leichter zu verarbeiten, wenn der Täter nicht aus der eigenen Familie stammt. Viel schlimmer ist es, wenn das Opfer den Täter kennt oder sogar liebt. Häufig fühlen sich die Kinder dann mitschuldig am Inzest. Es scheint leichter zu sein, die Übergriffe einer verhassten Person zu bewältigen.

Kleinere Kinder, deren Persönlichkeit noch nicht gefestigt ist und die darüber hinaus überhaupt nicht verstehen, was mit ihnen geschieht, entwickeln eher Symptome als erwachsene Opfer. Leider tragen Mädchen ein höheres Risiko, ein Trauma nicht zu verarbeiten, als Jungen. Es bleibt zu hoffen, dass moderne Mütter ihren Töchtern beibringen, dass es weiblich ist, sich zu wehren, nein zu sagen und sich abzugrenzen.

Besonders schwere Reaktionen sind verständlicherweise dann zu erwarten, wenn Missbrauch oder Misshandlung sehr lange dauerten und sich häufig wiederholten, insbesondere, wenn sich mehrere Täter an dem Opfer vergingen und ihm niemand zu Hilfe kam. Gewalt, durch die das Opfer körperliche Verletzungen zurückbehält, ist ebenfalls schwer zu verarbeiten.

Immer häufiger kommen Menschen, die ritualisierter sexueller Folter zum Opfer fielen: ehemalige Mitglieder von Satanskulten oder Kinder und Jugendliche, die zu Prostitution und pornographischen Darstellungen gezwungen wurden. Kollegen bestätigten, dass sich solche Vorgeschichten traurigerweise häufen. Diese besonders schweren Fälle sollten wir – wie die Opfer von Kriegshandlungen, Völkermord, Terrorismus und Folter – an geeignete Kliniken empfehlen. Nur mit einer entsprechenden Schulung und dem Rückhalt eines Teams können Therapeuten die Schilderungen der Grausamkeiten ertragen. Und nur im Team ist es möglich, die Opfer wirklich rund um die Uhr aufzufangen und zu stabilisieren.

Die geglückte Traumaverarbeitung

Eine Traumatisierung in der Kindheit gilt heute als Indikator für ein erhöhtes Risiko, im späteren Leben körperlich, psychisch oder psychosomatisch zu erkranken. Doch nicht alle Kinder, die traumatischen Lebenssituationen ausgesetzt waren, entwickeln Symptome. Es scheint Möglichkeiten zu geben, ein Trauma so zu verarbeiten, dass es so gut wie keine beeinträchtigenden Spuren hinterlässt. Warum gelingt es Menschen, ihr Trauma hinter sich zu lassen, und aus welchem Grund gelingt es anderen nicht? Warum können manche das Geschehen verarbeiten und ihren Lebensweg unbeschadet fortsetzen, während andere von Symptomen gequält werden?

Dank der Forschungsarbeit der Entwicklungspsychologin Emmy Werner (1992, S 262-268) haben wir Antworten auf diese Fragen. Sie ist eine der wenigen Forscherinnen, die der Entwicklungspsychologie zu dem Fundament verhalf, auf dem sie heute ruht. Sie erkannte, dass nur eine Längsschnittuntersuchung – eine Studie, in der Menschen über viele Jahre beobachtet und befragt werden – wirklich relevante Daten über deren Entwicklung liefern kann. Sie machte diese Studie, die einen Zeitraum von insgesamt vierzig Jahren umfasste, zu ihrem Lebenswerk. So wissen wir durch ihre Arbeit heute, welche Bedingungen für eine gute Entwicklung nötig sind, aber auch wie man die Schwierigkeiten und Benachteiligungen durch eine traumatische Kindheit überwinden kann. Sie pflegte an den Anfang ihrer Bücher stets ein Gedicht von Robert Louis Stevenson zu stellen:

> *Life is not a matter of holding good cards,*
> *but of playing a poor hand well.*

Die deutsche Übersetzung dieses Gedichts könnte lauten:

> *Im Leben geht es nicht darum, ein gutes Blatt zu haben,*
> *sondern mit schlechten Karten gut zu spielen.*

Um Daten für ihr Projekt zu sammeln, suchte sich Emmy Werner eine Gesellschaftsform aus, die in ihrer Zusammensetzung über einen möglichst langen Zeitraum unverändert bleiben würde. Diese fand sie auf der Insel Kauai, die zum Hawaii-Archipel gehört. 1955 erfasste sie alle 698 in diesem Jahr auf der Insel geborenen Kinder unter Berücksichtigung ihrer familiären Situation. Diese Menschen wurden im Laufe von vierzig Jahren immer wieder untersucht und befragt. Besonderes Augenmerk richtete Frau Werner auf diejenigen, die sozialen und familiären Risiken ausgesetzt waren. So gelang es ihr, die Faktoren zu benennen, durch die es einigen Kindern gelang, trotz traumatischer Belastungen zu starken, selbstsicheren Persönlichkeiten heranzuwachsen. Diese Schutzfaktoren sind:

- ***Die Persönlichkeit des Kindes:*** Je robuster, aktiver und aufgeschlossener das Kind von seinem Temperament her ist, umso besser kann es mit Stress umgehen und umso weniger ist es gefährdet. Diese Eigenschaften nennt man *Resilienz*.

- *Der familiäre Zusammenhalt, die Kompetenz der Mutter oder einer Ersatzperson:* Kinder, die in ihren Familien von wenigstens einer Person bedingungslos geliebt werden, können Belastungen in der Regel besser verkraften als diejenigen, die in der Familie keinen solchen Rückhalt haben.
- *Vertrauenspersonen außerhalb der Familie:* Wenn die Traumatisierung in der Familie geschieht, können andere Erwachsene zum Beispiel Lehrer, Erzieher, Trainer oder Pfarrer eine stützende Funktion übernehmen.

Emmy Werner stellte fest, dass bereits *ein* Erwachsener, der das Kind bedingungslos akzeptiert und liebt, ihm entscheidend dabei hilft, dass sein Kindheitstrauma nicht zu einem Lebenstrauma werden muss. In ihrer Studie entwickelte sich ein Drittel der traumatisierten Kinder zu zufriedenen, bindungsfähigen Erwachsenen. Sie fand heraus, dass Traumata dann in der gewünschten Weise verarbeitet werden können, wenn ihnen genügend starke Ausgleichsfaktoren gegenüber stehen. Je mehr Risikofaktoren auftreten, desto mehr Schutzmaßnahmen sind als Gegengewicht nötig, um eine positive Entwicklung des Kindes zu gewährleisten.

Das heißt jedoch nicht, dass die familiären Erlebnisse nicht auch das Verhalten der Menschen prägen, die ihr Trauma gut bewältigt haben. Die seelischen Faktoren, die ein Kind dazu befähigen, sein Trauma zu verarbeiten, können sich in einem anderen Kontext und in einem anderen Lebensalter durchaus störend auswirken. Dazu ein Beispiel aus der Praxis:

Ein Klient erzählte von Schwierigkeiten in seiner Ehe. Seine Frau werfe ihm vor, ihr keinen Platz in seinem Leben einzuräumen, und beklage sich über seine ständigen Alleingänge. Damit habe sie Recht. Dabei sei er selbst eigentlich gar nicht unzufrieden. In seiner Kindheit litt der Mann unter einem heftig prügelnden Vater, vor dem er große Angst hat-

te. Die Mutter war liebevoll, konnte den Jungen jedoch nicht vor dem Vater schützen. So oft wie möglich ging er deshalb zum Fußballspielen in einen Sportverein. Begeistert berichtete er von der Geborgenheit, die er dort mit seinen Kameraden erlebte, und von der guten Betreuung durch die Trainer. Symptome hatte der Mann nicht, im Gegenteil verfügte er über die glückliche Eigenschaft, gut für sich sorgen zu können, seine Bedürfnisse zu erkennen und zu erfüllen.

Der Mann konnte auf alle von Werner aufgezählten Schutzfaktoren zurückgreifen: Er war robust und aktiv, hatte eine liebevolle Mutter und im Sportverein mit seinem Trainer und den Kameraden ein wohlwollendes Umfeld. Er hatte jedoch gelernt, dass Glück und Zufriedenheit nur außerhalb der Familie zu finden seien. Die Lösungsstrategie, die ihm half, sein Kindheitstrauma symptomfrei zu verarbeiten, hinderte ihn jetzt daran, sich auf seine Frau einzulassen. Er verstand jetzt seinen Drang, seine Freizeit allein zu verbringen, und beschloss, ab jetzt öfter mit seiner Frau zusammen zu sein.

Die grundlegenden Bedürfnisse von Kindern

Wenn Kinder klein sind, gib ihnen Wurzeln.
Wenn sie groß sind, gib ihnen Flügel.

Chinesisches Sprichwort

Anfang 1900 wurden die deutschen und die französischen Regierungen durch Mitteilungen ihrer Generäle aufgeschreckt, die die Sicherheit ihrer Länder durch den eklatanten Mangel an wehrfähigen jungen Männern gefährdet sahen. Immerhin lag die Säuglingssterblichkeit bei 25 %, und so gingen den Staaten jährlich viele Tausend potentielle Soldaten verloren. Um mehr Säuglinge durchzubringen, wurden die Gebärstationen und die Kinderabteilungen in den Krankenhäusern renoviert, die Hygiene entscheidend verbessert und die gesunde Ernährung und gute Pflege eines jeden Kindes sichergestellt. Die Sterblichkeit der Säuglinge ging tatsächlich rapide zurück, doch dies betraf vor allem die Kinder, die von ihren Müttern zu Hause aufgezogen wurden. Die Sterblichkeitsrate in Waisenhäusern blieb weiterhin sehr hoch.

Diesen Waisenkindern widmete sich René Spitz, der Zeitgenosse und Freund Sigmund Freuds. Er untersuchte in den 30er Jahren das Verhalten von Säuglingen und Kleinkindern in den Waisenhäusern (1945). Diese Kinder wurden von ihren Müttern in bestem gesundheitlichen und seelischen Zustand dort abgegeben. Kurz nach der Trennung wurden die Säuglinge unruhig und begannen zu schreien. Als niemand darauf reagierte, verstummten sie nach einer gewissen Zeit, doch nicht, wie man damals glaubte, weil sie sich beruhigt hätten: Sie hatten resigniert! Durch den Verlust der Mutter fehlten diesen Kindern nicht nur Liebe, Körperkontakt und Ansprache; sie dämmerten in einer reizarmen Umgebung ohne Anregungen aus der Außenwelt dahin.

Heute wissen wir durch die moderne Hirnforschung, dass das Gehirn und die Sinnesorgane von Säuglingen Anregungen aus der

Außenwelt brauchen, um sich entwickeln zu können. Fehlen diese Voraussetzungen, bilden sich bestimmte Nervenbahnen überhaupt nicht aus. Damals stellte Spitz fest, dass die Kleinen schwer depressiv und anfällig für Infektionen wurden. Sie verstarben oftmals an Krankheiten, die keineswegs zum Tod hätten führen müssen. Spitz nannte dieses Phänomen Mutterverlust-Syndrom oder *Deprivation*.

Deprivation tritt vor allem bei Heimkindern auf. Das schildert Professor Hellbrügge, der Gelegenheit hatte, nach Kriegsende mit Kindern aus dem „Lebensborn" zu arbeiten, einer Organisation der SS, die unehelich schwangeren Frauen die Möglichkeit gab, dort ihre Kinder zu gebären. Die Kinder wurden kurz nach der Geburt von ihren Müttern getrennt und in Heimen untergebracht, um sicherzustellen, dass sie ganz im Sinne des Regimes aufwuchsen. Obwohl es sich bei den Eltern der Kinder um gesunde Menschen gehandelt hatte und die Heime besonders gut geführt waren, wuchsen die Kinder ohne feste Bezugspersonen auf und zeigten deshalb alle Anzeichen der Deprivation. Nur diejenigen, die nach dem Zusammenbruch des Dritten Reichs in Adoptiv- bzw. Pflegefamilien aufgenommen wurden, konnten ihre Rückstände aufholen. Diejenigen, die weiterhin in Heimen leben mussten, konnten häufig die Schule und die Berufsausbildung nicht abschließen und hatten Schwierigkeiten, feste Beziehungen einzugehen oder Familien zu gründen (Hellbrügge, S. 45).

Die Filme, die Spitz über die große Verzweiflung kleinster Kinder in Heimen drehte und die wir uns heute bei You Tube anschauen können (Emotional Deprivation in Infancy, Study by Rene A. Spitz, 1952), sorgten für ein völlig neues Pflegekonzept. Ihm ist es zu verdanken, dass heute versucht wird, das Grundbedürfnis des Säuglings nach einer stabilen Bezugsperson zu berücksichtigen.

Die SOS-Kinderdörfer, die durch die private Initiative Hermann Gmeiners entstanden und heute auf der ganzen Welt verbreitet sind, verfolgen aus diesem Grund ein völlig anderes Konzept. In einem Kinderdorf leben mehrere „Familien" in eigenen Häusern zusammen.

Eine Familie setzt sich aus einer Kinderdorfmutter mit bis zu acht Kindern zusammen. Die Kinder verlassen die Familie erst, wenn die Ausbildung oder der Beruf dies nötig machen. Nach einer Studie von Matejcek bezeichneten Kinder aus Kinderdörfern ihre Kinderdorfmutter überwiegend als die wichtigste Bezugsperson in ihrem Leben. Für 86 % waren Ehe und Familie ein hoher Wert. 75 % dieser Kinder konnte eine hohe soziale Kompetenz bescheinigt werden. Im Gegensatz dazu erreichten nur 15 % der Heimkinder ähnliche Werte (Matejcek in Hellbrügge S. 72 – 82).

Die wichtigste Zeit im Leben eines Kleinkindes ist wohl sein erstes Lebensjahr, denn niemehr lernt ein Mensch später so viel in einer so kurzen Zeitspanne. Das Gehirn macht entscheidende Wachstumsschritte, und das, was in diesem Jahr versäumt wird, kann zuweilen nie mehr aufgeholt werden. Säuglinge und Kleinkinder entwickeln in diesem ersten Jahr ihr Bindungsmuster. Von sich aus suchen sie die Nähe ihrer Mutter oder einer anderen konstanten Bezugsperson. Schon nach wenigen Monaten unterscheiden sie zwischen Fremden und Vertrauten, indem sie die Vertrauten anlächeln. Durch Weinen signalisieren sie ihre Bedürfnisse, und wenn diese befriedigt werden, lernen sie, dass sie sich auf die vertraute Person verlassen können. Um mit den Worten des englischen Kinderpsychiaters und Psychoanalytikers John Bowlby (1988) zu sprechen: Sie haben einen *„sicheren Hafen"* gefunden.

Wenn die Mutter oder eine andere vertraute Bezugsperson die Voraussetzungen dafür schafft, dass sich das Kind bindet, kann es Urvertrauen entwickeln. Dieses Urvertrauen ermöglicht ihm, ein zweites entscheidend wichtiges Bedürfnis zu leben: sich letztlich von seinen Eltern zu trennen, um sich als eigenständiges Wesen zu erleben. Wenn das Kind zum ersten Mal mit etwa anderthalb bis zwei Jahren „Ich!" sagt und darin bestärkt wird, traut es sich immer mehr zu und beginnt, die Welt zu entdecken. Es lernt am Beispiel der Mutter, sich selbst zu trösten und Niederlagen selbständig zu verarbeiten. Es hat

Selbstvertrauen entwickelt und das ist die Grundlage einer stabilen Persönlichkeit.

Jedes Kind möchte sich – bei aller Zugehörigkeit – als Individuum zeigen dürfen; es möchte anders sein als seine Eltern und Geschwister und in seiner Einzigartigkeit geliebt werden. Kinder, die sowohl Zugehörigkeit wie Eigenständigkeit erfahren dürfen, die sich in ein größeres Ganzes, die Familie, eingebettet fühlen und trotzdem individuelle Persönlichkeiten sein können, entwickeln jene Bindungsfähigkeit, die es ihnen im späteren Leben leicht macht, tragfähige Partnerschaften zu einzugehen.

Der Kinderarzt John Bowlby entwarf zusammen mit seiner Assistentin Mary Ainsworth eine Versuchsreihe, mit deren Hilfe sie erforschten, ob sich das Bindungsverhalten von Kleinkindern in der Bindungsfähigkeit der Erwachsenen abbilden würde. Die Kinder wurden erstmals mit zwölf bis achtzehn Monaten untersucht, danach immer wieder, bis sie erwachsen waren. Es zeigte sich, dass die Bindungserfahrungen des Kleinkindes die Beziehungen zu anderen Menschen bis hin zu den Partnerschaften des Erwachsenen prägten (Bowlby, 1975, Ainsworth, 1978, in Huber, 2003, S. 90 – 91).

Die erste Versuchsreihe beobachtet die Kleinkinder und ihre Mütter in einer sogenannten *„Fremden Situation"*, in der das Kind nicht nur auf eine fremde Umgebung, sondern auch auf eine kurze Trennung von der Mutter und auf eine fremde Person reagieren muss. Dazu wird es von seiner Mutter in einen ihm fremden Raum gebracht, in dem es verschiedenes interessantes Spielzeug gibt. Nach einer Weile betritt eine fremde Frau den Raum und spricht kurze Zeit mit der Mutter. Danach verabschiedet sich die Mutter vom Kind und verlässt den Raum. Die fremde Frau macht dem Kind Trost- und Spielangebote. Wenig später kommt die Mutter wieder und die fremde Frau geht hinaus. Nach weiteren Minuten verlässt die Mutter wortlos das Zimmer und kehrt nach spätestens drei Minuten, wenn das Kind sehr aufgeregt ist, auch früher, wieder zurück. Die Reaktionen der Kinder wurden erfasst und konnten auf Grund ähnlicher Verhaltensmuster verschiedenen Kategorien zugeordnet werden. Mary Ainsworth unterschied vier Bindungsstile: den *sicher gebundenen*, den *unsicher vermeidenden*, den *unsicher ambivalenten* und den *desorientierten* Bindungsstil.

Sicher gebundene Kinder, nach der Studie immerhin 60 – 70 % aller Untersuchten, verhalten sich der ungewohnten Situation gegenüber neugierig. Sie können durchaus eine Zeitlang ohne die Mutter sein, begrüßen diese aber nach ihrer Rückkehr begeistert. Sowohl Autonomie wie Bindung sind diesen Kindern vertraut. Diese Erfahrung konnten die inzwischen Erwachsenen in ihren Partnerschaften nutzen. Ein sicher gebundener Mensch kann anderen gefühlsmäßig nahe sein. Er weiß, dass er in einer intimen Beziehung von seiner Partnerin und sie von ihm abhängig ist. Gleichzeitig kann er aber auch gut für sich allein sein und gesteht dies natürlich auch seiner Partnerin zu. Er ist in seinem Selbstwert nicht davon abhängig, dass andere Menschen immer seiner Meinung sind.

Unsicher vermeidende Kinder machten etwa 15 – 20 % aller Untersuchten aus. Sie ignorierten die Mutter und wandten sich demonstrativ anderen Dingen zu. Wenn die Mutter das Zimmer verließ, folgten sie ihr nur mit den Augen, um sich beim Wiedersehen von ihr abzuwenden. Das Kind war sich der Zuneigung seiner Mutter nicht sicher und fühlte sich überwiegend abgelehnt.

Als Erwachsener neigt deshalb der unsicher vermeidend gebundene Mensch ebenfalls dazu, nahe Beziehungen abzulehnen oder abzuwerten, indem er Nähe bewusst vermeidet. Er strebt vor allem nach Unabhängigkeit, weil er so am wenigsten verletzt werden kann. Dass andere von ihm abhängig sind, ist ihm ebenso zuwider. Hesse hat diesen Bindungsstil in seinem Roman „*Steppenwolf*" treffend beschrieben.

Unsicher ambivalent gebundene Kinder machten 10 – 15 % der Untersuchten aus. Ängstlich blieben sie in der Nähe der Mutter und verzweifelten, wenn sie von ihr getrennt wurden. Beim Wiedersehen konnten sie plötzlich sehr wütend auf die Mutter reagieren und sich heftig gegen sie wehren. Sie befanden sich in einem Wechselbad der Gefühle, in dem sie sich der Liebe ihrer Mutter nie ganz sicher waren. Gleichzeitig waren sie wütend auf die Mutter, die sie solchen Empfindungen aussetzte.

Dem unsicher ambivalent gebundenen Erwachsenen fällt die Abnabelung von seiner Familie schwer. Er ist noch mit seinen Eltern und Geschwistern verstrickt, klammert sich verzweifelt an neue Bindungspersonen, auf die er, seinem Kindheitsmuster gemäß, gleichzeitig wütend ist. Seine große Sehnsucht nach einer engen Beziehung wird selten erfüllt, sei es, dass er treffsicher Partner findet, die Angst vor Nähe haben, oder dass er selbst der angebotenen Nähe zutiefst misstraut.

Die *desorientiert* oder *desorganisiert* gebundenen Kinder machten 5 – 10 % der Untersuchten aus. Diese Kinder konnten sich überhaupt nicht orientieren und schienen sich in keiner Weise auf ihre Bezugspersonen verlassen zu können. Sie wirkten häufig verstört und/oder verängstigt. Ihre Geschichten ließen erkennen, dass sie früh verlassen, vernachlässigt und/oder körperlich oder sexuell misshandelt worden waren. Sie zeigten klar, dass sie sich vor ihrer Bezugsperson fürchteten. Manchmal reagierten sie überhaupt nicht auf das Wiedereintreffen der Bezugsperson. Sie hatten weder ein funktionsfähiges Beziehungsmodell noch Einfühlungsvermögen gelernt.

Als Erwachsene bemühen sich die Betroffenen in Beziehungen vor allem darum, die Kontrolle zu behalten. Dies geschieht entweder *„feindselig bestrafend oder tröstend fürsorglich – dies aber stets in kontrollierender Absicht"* (Huber, 2003, S. 94). Solche Beziehungen sind häufig sehr intensiv bis dramatisch, dauern aber nicht lange. Die Betroffenen sind verzweifelt, weil sie nicht wissen, was sie immer wieder falsch machen. Menschen mit Borderline-Syndrom haben häufig einen desorientierten Bindungsstil. Die Ursachen für Bindungs- und Persönlichkeitsstörungen sind bei den meisten Menschen in einer traumatischen Kindheit zu finden.

Neuropathologie und Trauma
von Volkmar Suhr

Glaubt man dem Traumaforscher und Biologen Peter Levine, ist der Körper selbst ein Heiler, ein Wunder. Der Körper verleiht uns Sinne und gibt uns ein Zuhause. Es gibt unendlich viel Genussvolles, Kraftvolles und Vitales, was uns Körperlichkeit bescheren kann. Darüber hinaus ist der Körper schließlich unser Fahrzeug zur Kreativität, zur Manifestation unserer Ideen, Wünsche und Träume – eine Art Hardware eben. Die Mannigfaltigkeit und das Potential unseres Leibes bricht sich in unzähligen Funktionen Bahn: tasten, schmekken, riechen, sehen, hören, bewegen, zielgerichtet handeln, tanzen, lachen, sprechen, weinen, sich erinnern können, vergessen können, Sinneseindrücke unterscheiden, sich wehren und sich selbst heilen (Immunsystem) und noch so vieles mehr.

Traumata wirken leider auch hier sehr zerstörerisch. Gemäß Levine ist es jedoch unser Geburtsrecht, ein freudvolles Verhältnis zu unserem Körper zu haben. Ein Zustand, den er trotz Traumatisierung für wieder herstellbar hält. Hierzu sei das Miteinbeziehen neurobiologischer Zusammenhänge unverzichtbar (Levine, 1998, S. 24 ff). Diese Sichtweise machte Levine zu einem Pionier in der hirnphysiologisch-orientierten Traumatherapie. Ich beschränke mich jedoch nicht auf den Ansatz von Peter Levine, gibt es doch inzwischen eine Vielzahl von Forschungsergebnissen, welche die bisherige Traumatherapie wissenschaftlich – nahezu posthum – begründen und erweitern. Die Überschneidungen von psychologischen Mustern einerseits und der pathologischen Veränderungen im Nervensystem andererseits sind zuweilen erstaunlich und belegen bereits jetzt eines: Die Funktion unserer Zellen ist tief mit unserer Psyche und mit unserem Erleben verwoben.

Wenn im Zusammenhang mit Traumatisierungen von körperlichen Verletzungen die Rede ist, dann zumeist von sichtbaren Wunden infolge von Unfällen, Gewalttaten oder sexuellen Übergriffen. Die Palette der Verletzungen ist endlos und zum Teil fast unbeschreiblich, obgleich diese offensichtlichen Verletzungen am schnellsten zu kurieren sind.

Die psychischen Wunden, die zur Heilung so viel mehr Aufmerksamkeit fordern, werden zwar im Zusammenhang mit physischen Verletzungen betrachtet, die neuropathologische Tiefe jedoch blieb über viele Jahre hinweg verborgen. Die Psychosomatik, welche die Zusammengehörigkeit von Körper und Psyche zu erläutern versucht, ging diesen Komplex vornehmlich psychologisch an. Die Erkenntnisse auf diesem Gebiet sind großartig und seit Jahrzehnten in der Therapie Traumatisierter unverzichtbar. Dennoch: Aus Mangel an diagnostischen Methoden wurden die neurobiologischen Vorgänge kaum berücksichtigt. Durch aktuelle Forschungen kann nunmehr wenigstens in Ansätzen belegt werden, welch wichtige Rolle neuronale und hormonelle Veränderungen beim Entwickeln und Auftreten von traumaspezifischen Symptomen spielen.

Glücklicherweise hört man von vielen Praktikern, dass sie sich in ihrer Arbeit mit traumatisierten Patienten und in ihrer bisherigen Herangehensweise durch die Hirnforschung bestätigt sehen. Viele nehmen sie in ihre Betrachtungen erweiternd mit auf, ist das Phänomen Trauma doch wieder ein Stück verständlicher geworden. Seit etwa Mitte der neunziger Jahre rücken die Veränderungen des Zentralen Nervensystems bei einer Traumatisierung vermehrt ins Blickfeld. Durch die Verbesserung der Diagnostik kann die Aktivität einzelner Hirnareale ohne operative Eingriffe erforscht werden. Diese bildgebenden Verfahren (CT, MRT, PET, SPECT) erlauben einen tiefen Einblick in unser Gehirn und dessen Funktionen.

Das Gehirn ist unsere oberste Schaltzentrale. Hier laufen unsere „Lebensfäden" zusammen, wobei selbst geringste Verletzungen zu schweren Behinderungen führen können. Wundersamerweise führen andererseits schwerste Schädelverletzungen manchmal zu keinerlei

Ausfällen – das ZNS gibt uns noch viele Rätsel auf! Das Gehirn nimmt Impulse und Eindrücke auf und gibt Impulse ab. Das Hineinkommende wird sinnlich, also sensorisch, wahrgenommen. Die körperlichen Antworten erfolgen motorisch. Hören wir zum Beispiel, dass unser Name gerufen wird, kommt diese Information akustisch an und wird an das Gehirn weiter geleitet: Wir „erkennen" unseren Namen und die motorische Antwort könnte sein, dass wir uns umdrehen und nach dem Rufenden Ausschau halten. Selbst schwer Hingeschädigte reagieren auf das Rufen ihres Vornamens.

Die Informationsweitergabe in und zwischen den Neuronen erfolgt auf chemischem und elektrischem Wege. Das Gleichgewicht und der Ablauf dieser Informationsverarbeitung ist in weiten Teilen noch nicht erforscht. Eine wichtige Rolle spielen hierbei die Botenstoffe, die Transmitter und die Neurohormone, welche die Basis für das Funktionieren des Nervensystems bilden.

Das Gehirn verfügt über verschiedene Schutzmechanismen. Nur manche der aufgenommenen Eindrücke werden uns bewusst, die meisten werden aussortiert. Einige Dinge werden gespeichert, andere werden vom lebenswichtigen Filter gar nicht erst hineingelassen. Anders ist dies mit wiederholten und/oder schockartigen Eindrücken und Informationen, die sich unserem Nervensystem zumeist tief einprägen: Manches vergessen wir nie! Dies kann in Bezug auf die Verarbeitung von Traumata problematisch wirken. Selbst wenn die Psyche auf dem Weg der Heilung ist, erinnert sich der Körper auf neuronaler Ebene noch immer. Diese neuroanatomisch nachweisbare körperliche Verankerung stellt sich zuweilen als Blockade heraus und sollte unbedingt Beachtung in der Therapie finden (Sautter, 2005, S.49 ff; Levine,1998, S.191ff, 207ff).

Dem Gedächtnis an sich konnte im Gehirn bisher kein fester Platz zugewiesen werden, vielmehr wurde deutlich, dass Erinnerung ein differenzierter Prozess der neuronalen Kooperation ist, zu dessen Funktion mehrere Areale und Anteile des Gehirns aktiviert werden.

Diese Erkenntnis ist gerade in Bezug auf das Erinnern von Traumata sehr wichtig. Schon jetzt ist bekannt: Traumata werden äußerst selten erfunden, allerdings in vielfacher Weise erinnert (vgl. v. d. Kolk, 2000, S. 224).

Im Gehirn liegt die Schnittstelle zwischen Nerven- und Hormonsystem. So lässt sich auch erklären, dass Sinneseindrücke körperlich spürbare Gefühle nach sich ziehen: Gewaltdarstellungen führen zum Beispiel zur Ausschüttung des Stresshormons Adrenalin, so dass die Körperspannung zunimmt und die Gemütslage gereizter wird. Auf diese Weise werden Flucht oder Kampf physiologisch vorbereitet. Werden die hormonellen Impulse nicht in Bewegung umgesetzt, strapazieren sie das Nervensystem in besonderer Weise (vgl. ebd., S. 214). Nicht nur der Themenkomplex der Traumatisierungen, sondern auch Hyperaktivität und die zunehmende Gewaltbereitschaft werden in diesem Zusammenhang diskutiert. Es ist an dieser Stelle unschwer zu erkennen, dass die Neuropathologie auch eine soziale Komponente hat.

Das Nervensystem reagiert
Aus Sicht unterschiedlichster psychologischer Richtungen und nicht zuletzt aufgrund der Erfahrung vieler Praktiker ist eines klar: Die Entstehung einer Traumatisierung ist in hohem Maße individuell. So ist bekannt, dass nicht alle Zeugen der Bombennächte im Zweiten Weltkrieg traumatisiert wurden. Das Nervensystem jedes Menschen ist einzigartig. Nicht das Erlebte an sich, sondern die psychische und physische Kapazität des Betroffenen, auf das Erlebte zu reagieren, ist offenkundig entscheidend (Resilienz?!). Es gibt jedoch auch Geschehnisse, die „jeden normalen Menschen" traumatisieren würden. Es hat also weniger etwas mit „Schwäche" zu tun, wenn Symptome entwickelt werden.

Vor diesem Hintergrund muss bei weitem nicht jeder traumatisierte Mensch mit dem vollen Spektrum der unten aufgeführten

Schädigungen rechnen. Das symptomatische und auch neuropathologische Vollbild findet sich glücklicherweise eher selten (vgl. v. d. Kolk, 2000, S. 195ff).

Die Reizdiskriminierung leidet ganz offensichtlich unter einem Trauma. Das „Tor des Bewusstseins", wie man den Thalamus auch nennt, scheint buchstäblich eingetreten worden zu sein und lässt sich nun nicht mehr verschließen. Das Nervensystem kann deshalb nur noch eingeschränkt darüber entscheiden, welche Reize in unserer höchsten Schaltzentrale Eingang finden. Es herrscht eine für Traumaopfer typische Überfrachtung bzw. Verwirrung der Sinne. Diese ist wenig erstaunlich, wenn man sich vorstellt, dass nicht nur ein Zuviel an Impulsen herein kommt, sondern auch deren Qualität vom Nervensystem nicht mehr überprüft werden kann. Auf diese Weise gelangen wenig zuträgliche, belastende, überaktivierende und blockierende Eindrücke direkt in unser Bewusstsein.

Die Folge ist eine Überanstrengung des Nervensystems, welche sich durch die unmittelbare Verbindung zum Hormonsystem auch emotional, also im weitesten Sinne psychisch niederschlägt. Die Konzentrationsfähigkeit lässt nach, Lernvorgänge funktionieren nur unter größter Anstrengung und dennoch mit mäßigem Ergebnis (schwache Merkfähigkeit). Dieses wiederum führt dazu, dass die Betroffenen einfach „abschalten", um sich vor der undifferenzierten Flut

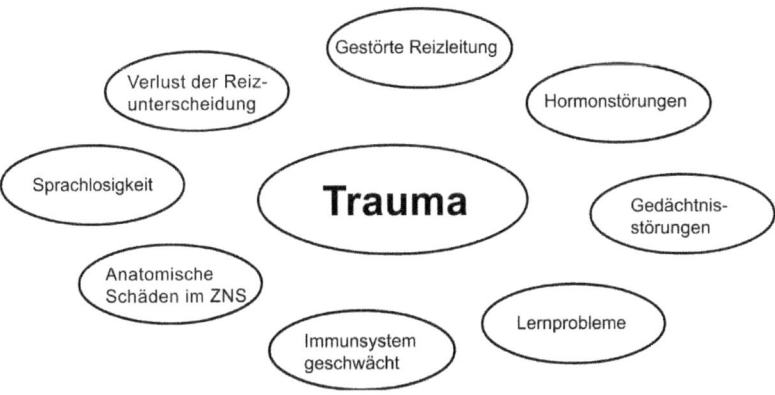

von Ablenkungen zu schützen. Eben diese Strategie findet sich bei an Posttraumatischen Belastungsstörung leidenden Menschen. Das kann dazu führen, dass existentiell wichtige Reaktionen ausbleiben und Wichtiges von weniger Wichtigem schlecht unterschieden werden kann (vgl. v. d. Kolk, 2000, S. 201f). Aus neurophysiologischer Sicht ist der Organismus also mehr oder minder ständig überfrachtet, was die Lernfähigkeit und die Lebensqualität deutlich einschränkt.

Die Überhitzung des Systems

Wenn eine Information durch den Thalamus – das Tor des Bewusstseins – ins System gelangt, geschieht Folgendes: Die Information trifft auf die Amygdala und in der Folge auf den Hippocampus, die beide zum Limbischen System gehören. Amygdala und Hippocampus spielen eine wichtige Rolle bei der Verarbeitung von Emotionen und beim Gedächtnis.

Die Amygdala hat unter anderem die Aufgabe, Emotionen mit Bildern zu verbinden und Angstreaktionen zu konditionieren. Man nennt die Amygdala auch das *„hot system"* – eine fast wörtlich zu nehmende Bezeichnung, denn sie registriert und kreiert Gefühle ohne diese auszuwerten. Das Gehirn macht an dieser Stelle also zunächst ein „emotionales Brainstorming". Die regulierende Funktion der Amygdala ist hierbei eher untergeordnet aber durchaus vorhanden.

Im nächsten Schritt schaltet sich der Hippocampus ein, welcher im Gegensatz zur Amygdala offenbar eine ordnende Wirkung zu haben scheint, und den zeitlichen Ablauf und die örtlichen Gegebenheiten festhält sowie den Reiz auswertet. Man nennt seine Funktion deshalb auch das *„cool system"*. Der Hippocampus legt folglich fest, wie mit einem Stimulus umzugehen ist. Damit erfüllt er eine wichtige Kontrollfunktion. Gerät die jeweilige Funktion des *„hot systems"* und des *„cool systems"* und deren Zusammenwirken aus den Fugen, hat das verheerende Folgen für den Betroffenen. So führt eine Überforderung der Amygdala neben mangelnden Erinnerungen an natürliche Angstreaktionen auch zu einem emotionalen „Überflutetsein". Damit ist zum einen ein natürlicher Schutzmechanismus des Organismus gestört und zum anderen „versinkt" der Betroffene in ungeordneten Gefühlen.

Hier kann bereits ein einmaliges Erlebnis nachhaltig wirken. Ein in der Folge unzureichend funktionierender, weil überforderter Hippocampus führt zum Gedächtnisverlust auf der begrifflichen Ebene. Das Lernen aus Erfahrung ist daraufhin erheblich erschwert, denn der Betroffene hat die traumatische Erfahrung in seiner Qualität nicht „erkennen" und „zuordnen" können. Es findet folglich „etwas" Eingang, was nicht innerlich begreifbar gemacht wurde. Wie bereits erwähnt, kann solcherlei Undefiniertes ein Eigenleben entwickeln, welches sich weitestgehend dem Bewusstsein entzieht. Wie soll ein Organismus aus etwas lernen, was gar nicht bezeichnet ist – also aus neuronaler Wahrnehmung betrachtet nicht bewusst existiert. Das Trauma wird folglich auch aus neuropathologischer Sicht nahezu ne-

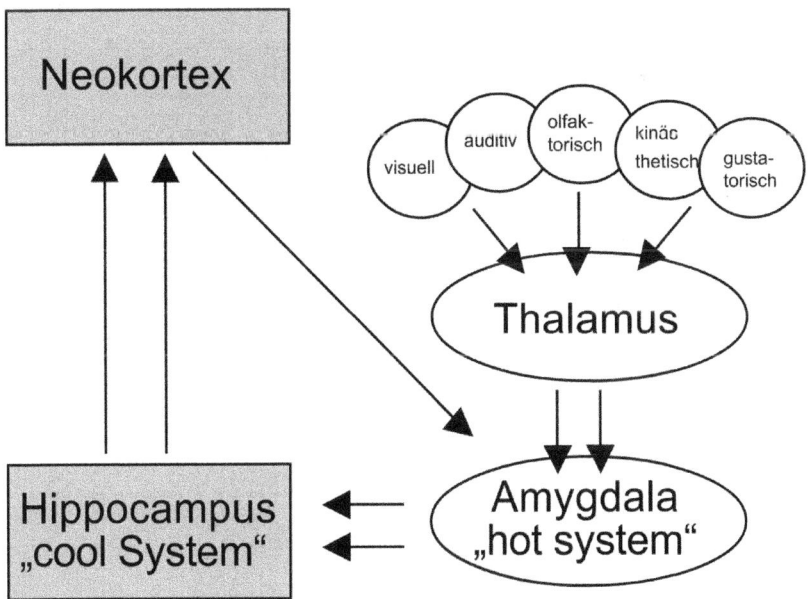

giert. Dieser neurologische Missstand ist jedoch nicht gleichbedeutend mit Symptomlosigkeit, denn das Trauma wird in Bildern und Gefühlszuständen neuronal bewahrt (vgl. Fischer, Riedesser, 2003, S. 91f; v. d. Kolk, 2000, S. 212f, S..227, S. 239f).

Die Erfahrung hat gezeigt, dass die emotionsgebundene Erinnerung, welche offenbar durch die Amygdala hergestellt wird, bis in die früheste Kindheit zurückgeht und sich dem Bewusstsein zuweilen entzieht (vgl. v. d. Kolk, 2000, S. 239f; S. 244f). Der Satz von Fritz Perls, dass Unterbewusstes wirkt und wirkt, findet also aus neuropathologischer Sicht seine posthume Bestätigung.

Der Neokortex, der Sitz des Bewusstseins, kann infolge der traumatischen Überlastung der Amygdala und des Hippocampus nicht mehr kontrollierend eingreifen. Das emotionale Erleben, das Bezeichnen und Bewerten dieser Erfahrung und das Bewusstsein arbeiten nicht mehr zusammen. Aus neuroanatomischer Sicht ist die Verbindung zwischen subkortikalen und kortikalen Funktionen beeinträchtigt (vgl. v.d.Kolk, 2000, S. 236 f). Innere Bilder und Gefühle können so die Regie im Organismus übernehmen (vgl. Flashback, Affektlabilität). Daraus entsteht ein *emotionaler Kontrollverlust,* der bedrohlich erlebt wird. Letzteres wird nur allzu leicht durch eine aus therapeutischer Sicht zu zeitige Traumakonfrontation hervorgerufen. Außerhalb des Therapiesettings können beliebige Reize als Trigger fungieren.

Man vermutet, dass der Hippocampus bei einer Traumatisierung durch hormonelle Einflüsse geschädigt wird. Dies führt in Extremfällen zu einer Schrumpfung um ein Viertel seines Volumens (vgl. v. d. Kolk, 2000, S. 214 ff). Eine Beschädigung des Hippocampus führt unter anderem zur emotionalen Enthemmung, so dass sich ein derart Betroffener einem inneren und äußeren Kontrollverlust ausgesetzt sieht, welcher sich zum einen handlungsleitend – jedem Impuls wird gefolgt – und zum anderen gedächtnismindernd – aus Erfahrung wird nicht gelernt – auswirkt. Das Trauma erschafft sich aus neuropathologischer

Sicht folglich selbst und wird dennoch dem Bewusstsein als Ursache vorenthalten. Aus psychologischer Sicht ist dieser Prozess seit langem bekannt und findet hiermit eine wissenschaftliche Ergänzung.

Heilung ist im Umkehrschluss nur über das Bewusstsein – also über den Neocortex – und dessen erneute Anbindung an Anteile wie die Amygdala und den Hippocampus zu erreichen. Hierbei wird wiederum die Erfahrung vieler Praktiker bestätigt, dass zunächst Erkenntnisse über die Traumasymptomatik detailliert erklärt werden müssen. Auf diese Weise wird ein verstandesmäßiger Weg bewusst gebahnt, der zu guter Letzt auch emotional wieder beschritten werden kann. Dies ist natürlich ein erhebliches Wagnis für die Betroffenen, kann doch jedes Gefühl wieder ein unabhängiges Eigenleben entwickeln und die Kontrolle über den Organismus übernehmen.

Traumatherapie wandelt also in vielerlei Hinsicht auf einem schmalen Grad zwischen Rückfall und Heilung. Im Hinblick auf eine zu erlangende Kompetenz im Umgang mit Traumatisierten ist es sicher unabdingbar, sich die Sensibilität dieser neurologischen, hormonellen und psychischen Zusammenhänge zu vergegenwärtigen.

Wie uns die Hormone Achterbahn fahren lassen

Im therapeutischen Kontext ist die Auseinandersetzung mit Gefühlen ein kontroverses Thema. Zum einen sind klare, einigermaßen beschreibbare Gefühle Teil der Heilung. Zum anderen können ungeklärte Emotionswogen sehr behindern und in die Irre führen. Gerade im psychotraumatischen Zusammenhang wird deutlich, wie anfällig unsere Gefühle sind. Aus neurologischer Sicht ist zur Entwicklung eines Gefühls zunächst ein sensorischer Eindruck nötig, daraufhin entsteht eine Emotion, die von einer hormonellen Reaktion begleitet wird und sich ggf. in einer Aktion äußert. Gefühle sind sehr leicht beeinflussbar, auch neurophysiologisch, und dennoch widerstehen sie manchmal felsenfest jeder Vernunft.

Hormone spielen eine wichtige Rolle bei der Entstehung von unseren in höchstem Maße subjektiven Gefühlen. Diese Subjektivität ist im Übrigen keineswegs abzuwerten. Subjektive Gefühle können klare, authentische und mit dem Betreffenden im Einklang befindliche Gefühle sein, die zu nachvollziehbaren, angemessenen Handlungen führen. Das Problem bei Traumatisierungen liegt also weniger in der Subjektivität, sondern in der Verworrenheit und Unklarheit der Emotionen, die richtungslose und für den Organismus anstrengende Aktionen zur Folge haben.

Aber zurück zum Nervensystem, genauer gesagt zum Zwischenhirn, das den Übergang vom Nervensystem zum Hormonsystem bildet. Auf zellulärer Ebene vollzieht sich dies fließend und ist ein sprichwörtliches Wunder der Natur. Hormone sind an allen lebenswichtigen Prozessen in unserem Organismus beteiligt. Das Hormonsystem arbeitet zusammen und funktioniert über Rückkopplungsmechanismen. Für das weitere Verständnis ist wichtig, das Hormonsystem als Regelkreislauf zu verstehen, der sehr empfindlich und gleichzeitig sehr kraftvoll agiert.

Das Hormonsystem ist in vielerlei Hinsicht bei Traumatisierungen beteiligt und betroffen. Drei bei der Entstehung von Kampf- und Fluchtreaktionen besonders wichtige Hormone sollen hier in ihrer Wirkweise genauer erläutert werden, um die körperlichen Folgen von einem erlittenen Trauma genauer zu veranschaulichen: die Hormone Adrenalin und Cortisol und der Neurotransmitter Serotonin.

Bei einer als Bedrohung empfundenen Situation kommt es zur verstärkten Ausschüttung von Adrenalin, eines sogenannten Stresshormons. Unser Körper wird auf Kampf oder Flucht vorbereitet: Die Muskulatur wird angespannt, die Herzfrequenz steigt, die Pupillen weiten sich, unser Schmerzempfinden sinkt, Verdauungsfunktionen werden heruntergefahren, der Körper konzentriert sich auf den Selbsterhalt. In einer solchen Situation entwickeln wir zum Teil übermenschliche Kraft. Und das ist auch gut so! Diesem Geschehen wird ein Regulator gegenüber gestellt – das Cortisol. Dieser Gegenspieler zum Adrenalin moduliert die Stressreaktion und regelt diese, wenn nötig, herunter. Das Zusammenspiel von Adrenalin und Cortisol ist sehr wichtig bei der Entstehung angemessener Flucht- und Kampfreaktionen. Es wurde jedoch festgestellt, dass Traumaopfer teilweise einen relativ niedrigen Cortisol-Spiegel haben. Die Folge ist ein unangemessener Dauerstress mit undifferenzierten Stressreaktionen. Der Organismus kommt nicht mehr zur Ruhe. Hierdurch werden Lernvorgänge und Gedächtnisleistung erheblich beeinträchtigt!

Hinzu kommt noch, dass Adrenalin in vielen Fällen „andauernd" ausgeschüttet wird, was noch eine weitere Zunahme des Stresses nach sich zieht. Das Hormonsystem kommt schließlich an seine Grenzen und erschöpft sich, so dass bei wirklichen Bedrohungen lebensnotwendige Abwehrfunktionen unterbleiben (v. d. Kolk, 2000, S. 204ff).

Neben den körperlich spürbaren Veränderungen, die durch das aus dem Gleichgewicht geratene Zusammenspiel von Adrenalin und Cortisol entstehen, kann auch die Gemütslage bei Traumatisierten nachweislich in Mitleidenschaft gezogen sein. Dies hat auch hormonelle Hintergründe. Eine wichtige Rolle spielt hierbei das Serotonin, einer der Stoffe, die einen wichtigen Einfluss auf unser Wohlbefinden haben. Ein Mangel an Serotonin führt zur Unfähigkeit sich psychisch zu belohnen und begünstigt die Entstehung von Depressionen, Angststörungen und Zwängen. Menschen, die an Posttraumatischer Belastungsstörung (PTBS) leiden, weisen häufig eine derartige Symptomlage und auch einen auffallend niedrigen Serotoninspiegel auf. Das symptomatische Bild umfasst schließlich neben einer depressiven Gemütslage und Ängsten auch eine zwanghafte Ablenkbarkeit – hier wird offenbar fast jedem inneren Stimulus gefolgt (vgl. v. d. Kolk, 2000, S. 205f).

Zusammenfassend kann gesagt werden, dass unser Hormonsystem infolge eines Traumas aus dem Gleichgewicht geraten kann. Ist dies geschehen, erhält sich die emotionale Bedrohung im Organismus nahezu selbsttätig aufrecht und ist ganz offensichtlich an der Ausbildung einer Vielzahl traumaspezifischer Symptome beteiligt.

Vor dem Hintergrund der hormonellen Störungen, die infolge einer Traumatisierung auftreten können, wird bereits hier deutlich, dass eine emotionale Öffnung, ein Sich-Einlassen mit hoher Wahrscheinlichkeit zum Problem wird. Traumaopfer haben gelernt, sich neurotisch zu binden oder eben Bindung zu vermeiden (vgl. Bowlby). Dass dieser Zustand auch hormonell in ungünstiger Weise gestützt wird, liegt nahe.

Die Therapie speziell im Bereich der Hormone und Transmitter weist neben pharmakologischen Interventionen, die stets nur die Symptome, aber nicht die wirkliche Ursache beheben, auch andere integrative Wege auf. Einer davon ist die systemisch orientierte Herangehensweise. Auch der bereits erwähnte Traumatherapeut Peter Levine erinnert mit Nachdruck an die zu aktivierenden Selbstheilungskräfte des Körpers. Er geht ebenso wie viele andere Praktiker davon aus, dass sich die hormonelle Schräglage wieder harmonisieren kann (Levine, 1997, S. 191ff).

Das Gefühl der Sprachlosigkeit

Ein typisches Symptom infolge einer Traumatisierung ist die mangelnde Fähigkeit, das Geschehen zu schildern. „Es" scheint unaussprechlich. Das Quälende für die Betroffenen ist jedoch die Tatsache, dass ein Trauma wiederholt emotional durchlebt, aber dadurch nicht aufgelöst wird. Sie befinden sich in einem Zustand des bewussten sinnlich spürbaren Durchleidens bei gleichzeitiger Begriffslosigkeit. Das System gerät unter Druck und der „Abfluss" ist verstopft. Diese psychische Befindlichkeit findet ihre neuropathologische Entsprechung in der durch das Trauma selbst bereits ausgelösten Überbeanspruchung der Amygdala, der Schrumpfung des Hippocampus durch die Überflutung durch Stresshormone und die Minderfunktion eines der Sprachzentren (Broca), so dass wir als eine Traumafolge die bereits beobachtete „Sprachlosigkeit", bzw. die Unfähigkeit, Gefühle zu formulieren, beobachten können.

Auch mangelnde Impulskontrolle sowie Gedächtnisprobleme können in diesem Zusammenhang neuroanatomisch belegt werden. Das Phänomen, welches sich hinter diesen Prozessen zu verbergen scheint, wird als Lateralisierung bezeichnet, das heißt, dass bei einer Traumakonfrontation eine Hemisphäre stärker und die andere schwächer beansprucht wird. Die für Emotionen zuständige rechte Hemisphäre reagiert stark, das volle Spektrum der Gefühle wird durchlebt und die linke Hemisphäre, welche die Eindrücke eigentlich analytisch betrachten und ordnen sollte, drosselt ihre Funktion. In dieser befinden sich jedoch auch die Sprachzentren. Besonders das Broca-Zentrum ist für das Finden von Begriffen zuständig. Es entsteht die bereits weiter oben erwähnte Situation des vollen Erlebens bei gleichzeitiger Unfähigkeit der Beschreibung. Der Betroffene ist neurologisch sprachlos (vgl. Tölle, Windgassen, 2003, S. 37ff; Fischer, Riedesser, 2003, S. 118, 120ff, 149; v. d. Kolk et. al., 2000, S. 169ff, 181, 195ff, 216f, 221ff).

Das Gedächtnis

Ein weiteres Symptom traumatisierter Menschen sind mehr oder minder ausgeprägte Konzentrationsstörungen und damit verbundene Lern- als auch Speicherschwierigkeiten. Es fehlt ganz offensichtlich die hormonell bedingte innere Ruhe. Zuweilen können sich die Augen noch nicht einmal auf das Lesen eines Textes einstellen, ein klares Indiz für das andauernde und krankhafte Verharren in einem Stressmodus, bei dem die Augen auf die Umgebung gerichtet sind, was zur Sicherung des Überlebens notwendig und richtig ist. Lernvorgänge werden unter solchen hormonell-psychischen Notsituationen jedoch fast unmöglich.

Nicht nur das Aufnehmen von neuen Informationen, sondern auch der Umgang mit bereits abgespeicherten Erinnerungen ist bei Traumatisierten zum Teil beeinträchtigt. Erinnerungen und damit verbundene Gefühle führen ein zuweilen quälendes Eigenleben.

Wenn sie auftauchen, ziehen sie die gesamte Aufmerksamkeit auf sich und lassen keine andere Beschäftigung zu. Der Organismus wird regelrecht besetzt. Das Gehirn reagiert hierbei nicht sonderlich differenzierend. Auf neuronaler Ebene wird nicht zwischen einem erinnerten und einem gerade tatsächlich stattfindenden Trauma unterschieden (v. d. Kolk, S. 216).

Hinzu kommt, dass an PTBS leidende Menschen zweierlei Tendenzen haben, welche diametral zueinander stehen: Sie neigen zum exzessiven Erinnern oder zum extremen Vergessen. Es scheint hierbei, als ob traumatische Erinnerungen anders verschlüsselt werden als gewöhnliche Erinnerungen. Die Erinnerung an die traumatischen Inhalte ist und bleibt auch nach Jahren unverändert und manchmal vordergründig, so dass andere Dinge vergessen werden bzw. Neues gar nicht erst Zugang ins Gedächtnis findet.

Andererseits kommt es vor, dass traumatische Erlebnisse dem Bewusstsein nicht mehr zugänglich sind. Solche Amnesien werden offenbar durch eine Zunahme an körpereigenen, Schmerz reduzierenden Opioiden hervorgerufen. Die natürliche Abwehrreaktion des Körpers auf eine unerträgliche Situation schlägt hier in ihr Gegenteil um und führt dazu, dass die Erinnerung konsequent verpackt wird. Ein bewusster Zugang ist fortan schwierig. Nun könnte man annehmen, dass eine Amnesie vor traumaspezifischen Symptomen schützt. Dies ist jedoch nicht der Fall. Das Fehlen bewusster Erinnerung bedeutet also keineswegs Symptomfreiheit. Die höchste Amnesierate findet sich bei während der Kindheit sexuell missbrauchten Menschen. Warum Opfer anderer Gewaltverbrechen weniger zu Amnesien neigen, ist noch nicht geklärt (vgl. ebd. S. 225).

Beide Extreme, das der andauernden Erinnerung einerseits und die Amnesie andererseits, wirken einer Heilung entgegen. Finden Betroffene keine bewusste, für sich selbst verständliche Bezeichnung dessen, was sich da in ihr Nervensystem hineingebahnt hat, führen die Erinnerungen ihr unkalkulierbares und in der Konsequenz belastendes Eigenleben. Kurz: die Erinnerungen „rutschen" zuweilen am Bewusstsein vorbei direkt in den Körper, der sich jedoch auf neuronaler Ebene sehr wohl erinnert. So bleiben Geschehnisse emotional und damit auch körperlich erlebbar, die innerlich wie äußerlich unbeschreiblich sind.

Es bedarf folglich eines therapeutischen Weges, welcher die neuropathologischen Gegebenheiten berücksichtigt. Die praktische Erfahrung beim Umgang mit traumatisierten Menschen zeigt glücklicherweise, dass sich Nervensystem und Hormonhaushalt und damit die emotionale Disposition harmonisieren lassen. Besonders die systemische Sicht legt hierbei Wert auf das Stärken der Ressourcen. Gemäß Peter Levine benötigt ein bearbeitetes Trauma keine dauernde Rechtfertigung mittels wiederkehrender Erinnerungen mehr. Das Erlebte wurde begrifflich bewusst erfasst, körperlich wahrgenommen und findet auf diese Weise einen Platz im Leben (vgl. Levine, 1998, S. 212; v. d. Kolk, 2000, S. 211, 224ff, S. 239).

Zusammenfassung

Zusammenfassend zeigt sich deutlich, dass ein Trauma ein komplexes System von Ursachen und Wirkungen beinhaltet. Die möglichen Folgen eines Traumas betreffen das Nervensystem, den Hormonhaushalt, die Gemütslage, das Verhalten, die Lernfähigkeit, die Bindungsfähigkeit und das Immunsystem derart, dass ein Leben zum sprichwörtlichen Überleben verkommen kann.

Das Phänomen Trauma sollte in seinen vielschichtigen Dimensionen wahrgenommen werden, denn es wirkt auf psychischer und physischer Ebene. Trauma ist ein psychobiologisches Phänomen, hat sich doch eindeutig belegen lassen, dass unser Nerven- und auch Hormonsystem an allem, was uns widerfährt in irgendeiner Form beteiligt ist. Darüber hinaus zeigt sich unsere Einzigartigkeit ganz offensichtlich auch im Nervensystem, so dass nicht jeder,

der eine Katastrophe erlebt hat, spezifische Symptome entwickelt. Von dieser individuellen Widerstandsfähigkeit eine nahezu sozialdarwinistische „Stärke" abzuleiten, verbietet sich allerdings von selbst, wäre doch ebendies äußerst eindimensional und würde vielen Traumaopfern, die Symptome entwickelt haben, eine besondere Schwäche unterstellen.

Eine wichtige Komponente im gesamten Traumadiskurs ist die zwischenmenschliche Ebene. Auch hier hat sich gezeigt, dass ein aus der Balance geratenes Hormon- und Transmittersystem deutliche Folgen für unsere Gemütslage hat. Dies beeinflusst unsere Fähigkeit zur Gemeinschaft im Übrigen nachhaltig! Wie soll jemand, dessen Organismus stets am Rande des Möglichen agiert und reagiert auch noch offen für neue Impulse von außen sein? In diesem Zusammenhang verringert sich ebenso das Potenzial der (Selbst-)Wahrnehmung, welches wiederum eine eingeschränkte Teilnahme am Leben nach sich zieht. Es wird somit deutlich, wie sehr unser Körper und unsere Psyche aber auch unser Sozialverhalten zusammenhängen. Diese untrennbare Einheit leidet unter einer Traumatisierung in vielschichtiger und höchst individueller Form.

Bei näherer Betrachtung dieses Phänomens müssen auch die therapeutischen Interventionen eben diesem Zustand gerecht werden und dem Betroffenen eine multidimensionale Sicht anbieten. Das hierbei zugrunde liegende Menschenbild sollte unbedingt die Möglichkeit der Besserung, Heilung und Selbstverantwortung beinhalten, denn nicht nur der Körper, sondern auch unsere Psyche und unsere Seele sind schließlich Wunder und verfügen über ungeahnte Ressourcen. Wir sind mitnichten die Knechte unserer Gene oder Hormone, sondern agierende, aktive Wesen mit der Freiheit der individuellen Entscheidung. Ein Weg der Besserung oder gar der Heilung beginnt damit im Bewusstsein.

Traumatisierung in der Kindheit

Heute sind sich die Experten darüber einig, dass eine Traumatisierung in der Kindheit große Gefahren birgt, einen Menschen auf lange Zeit, bisweilen lebenslang zu schädigen. Dies können wir inzwischen wissenschaftlich nachweisen. Durch die Kenntnis der physiologischen Prozesse werden wir noch weniger Gefahr laufen, die Symptome von traumatisierten Menschen als „individuelle Defizite" zu interpretieren.

Die neurophysiologischen Wirkungen des Traumas

Der Artikel von Volkmar Suhr hat Sie bereits mit den physischen Folgen des Traumas vertraut gemacht. Trauma hinterlässt nicht nur seelische Spuren – es bildet sich auch im Körper ab. Das Gehirn reagiert immer auf dieselbe Weise, ganz gleich, was ein Mensch erfahren hat. Außerdem wurde deutlich, dass diese Prozesse autonom ablaufen, also *nicht willentlich vom Einzelnen gesteuert werden.*

Wenn Menschen lange Zeit unter traumatischem Stress stehen, wird das Verarbeitungssystem im limbischen System übermäßig empfindlich und es kommt zu einer automatisierten Amygdala-Reaktion, das heißt, dass selbst geringe Reize eine der traumatischen Situation entsprechende emotionale Reaktion hervorrufen. Dieses Phänomen wird „*Kindling-Phänomen*" genannt (to kindle – anfachen). Der Prozess kann sich verselbständigen und bereits vorhandene Symptome verstärken.

Hinterlässt traumatischer Stress schon bei Erwachsenen destruktive Spuren, kann die Wirkung auf Kinder oder gar Säuglinge fatal sein. Ein Kind spiegelt die Welt, in der es aufwächst; sein Umfeld gibt dem sich entwickelnden Gehirn die entscheidenden neurobiologischen Voraussetzungen für eine gesunde Reifung. Jeder Mensch hat von Geburt an ein voll funktionstüchtiges Amygdala-System, wogegen sich das Hippocampus-System erst im Laufe der ersten drei Lebensjahre ausbildet, in denen das Gehirn besonders erfahrungsbereit ist. Nervenverbindungen entwickeln sich nur, wenn sie immer wieder angeregt werden. So ist die Entwicklung bestimmter psychischer Fähigkeiten wie zum Beispiel Feinfühligkeit und Mitgefühl abhängig von der Bindungserfahrung des Kindes.

Werden diese Nervenverbindungen nicht stimuliert, weil ein Kind vernachlässigt oder exzessivem Stress durch Misshandlungen ausgesetzt wird, können sie zu Grunde gehen. Sind die traumatischen Reize in der Überzahl, kann es demzufolge zu einer *dauerhaften, nicht reversiblen Schädigung* des kindlichen Gehirns kommen. Das Kind wird sich grundsätzlich anders entwickeln, als wenn es dem Trauma nicht ausgesetzt gewesen wäre. Der Mannheimer Psychiater Dr. Manfred Laucht bestätigt, dass alle Funktionsbereiche benachteiligt sind *„von der motorischen bis hin zur sozial-emotionalen Entwicklung"* (Laucht in Hellbrügge S.56).

Andauernder Stress bewirkt bei Kindern eine chronische Übererregbarkeit auf Grund ständiger Überschwemmung des Organismus mit Adrenalin und einer Hemmung der Aufnahme von Serotonin. Wir erinnern uns, dass sich der Serotoninmangel auch als Feindseligkeit und Aggressivität äußern kann. Traumatisierte Kinder fühlen sich ohnmächtig und ausgeliefert und befinden sich in einem Zustand ständiger Erregung. Sie sind nervös und können sich schlecht konzentrieren. Darüber hinaus verlieren sie die Fähigkeit, äußere Reize angemessen zu beurteilen. Auf Situationen, die dem Trauma auch nur entfernt ähnlich sind, also immer dann, wenn sie sich ausgeliefert fühlen, reagieren sie ängstlich oder aggressiv.

Das trifft auf viele Situationen in der Schule zu. Es ist durchaus möglich, dass diese Kinder Gefühle wie Empathie oder Mitgefühl überhaupt nicht empfinden können. Nur so ist zu erklären, dass Kinder ihre Spielgefährten einer Jacke oder ein Paar Turnschuhen wegen misshandeln oder gar umbringen und dabei weder ein Unrechtsbewusstsein noch Reue zeigen. Und wenn wir an die politische Situation im Nahen Osten denken, wird uns vielleicht klarer, warum es vor allem die palästinensischen Jugendlichen sind, die sich freiwillig in die Luft sprengen. Selbstvertrauen oder Vertrauen in die Umwelt kann ein solches Kind nicht entwickeln. Die einzige Möglichkeit, die ihm bleibt, besteht darin, alle Emotionen auszuklammern, die es an das Trauma erinnern könnten. Diese Abspaltung, die dem Kind hilft, das Trauma zu überleben, ist beim Jugendlichen und Erwachsenen der wesentliche Faktor, der zu Symptombildung führt.

Vernachlässigung
Durch die Untersuchungen von Spitz und Bowlby wissen wir heute, wie schlimm sich eine Vernachlässigung auf Kinder auswirkt. Im Lehrbuch lesen wir folgende Definition:

„Kinder werden vernachlässigt, wenn sie von Eltern oder Betreuungspersonen unzureichend ernährt, gepflegt, gefördert, gesundheitlich versorgt, beaufsichtigt und/oder vor Gefahren geschützt werden"
(Engfer in Egle, S. 25).

Die Entwicklungspsychologin Emmy Werner identifizierte die Kombination von Armut und Kinderreichtum als eine der Hauptursachen für Vernachlässigung (Grossmann in Hellbrügge, S. 22 - 24). Die Berichte und Reportagen über die Straßenkinder in Südamerika und Rumänien, die Jugendbanden in den Slums der USA, die Kinder in den Kriegsgebieten dieser Erde und die an Bordelle verkauften Kinder in Südostasien machen uns täglich auf diese Tatsache aufmerksam.

Auch heute noch erzählen unsere Klienten von der bitteren Armut ihrer Eltern oder Großeltern. Arbeiter- und Bauernfamilien hatten häufig dreizehn bis sechzehn Kinder, von denen viele starben. Die Überlebenden berichten von äußerst beengten Wohnverhältnissen und ständigem Hunger. Kinder, für die „es nicht reichte", wurden in ländlichen Gebieten bereits mit sechs Jahren abgegeben. Als sogenannte „Hütekinder" waren sie für das Vieh zuständig, erhielten dafür einen Platz zum Schlafen und nur so viel Nahrung, dass sie nicht verhungerten.

Auch wenn die Mittel gerade reichten, um die Kinderschar zu ernähren und zu kleiden, mussten die Eltern so lange und so hart arbeiten, dass das einzelne Kind nur wenig persönliche Ansprache erwarten konnte. Dagegen waren Prügel an der Tagesordnung. Oft mussten ältere Schwestern, die häufig völlig überfordert waren und ihre Pflichten nur ungern erledigten, die Erziehungs- und Pflegeaufgaben für ihre jüngeren Geschwister übernehmen. So waren jüngere Kinder der Willkür der Älteren ausgeliefert. Die älteren Geschwister einer unserer Klientinnen zum Beispiel entledigten sich des ungeliebten Anhängsels, indem sie die Dreijährige stundenlang an einen Baum banden oder sie in einen Schuppen sperrten.

Heute führt im deutschsprachigen Raum nur sehr selten die materielle Not dazu, dass Kinder in ihren Familien vernachlässigt werden; wir haben es mit neuen Formen zu tun. Viele Kinder sind sich selbst überlassen und verbringen erschreckend viel Zeit vor dem Fernsehen und dem Computer. Da in Computerspielen alle Probleme mit Gewalt „gelöst" und diese „Lösungen" mit noch mehr „Action" belohnt werden, wundert mich nicht, dass Gewalt auf dem Schulhof „normal" geworden ist. Die Zahl der in solcher Weise vernachlässigten Wohlstandskinder nimmt stetig zu.

Außerdem wird es jungen Frauen nach der Geburt ihres Kindes immer schwerer gemacht, beruflich zu pausieren. Ich vertrete hier keineswegs die Meinung, die Frauen sollten zurück an den Herd; ich selbst lebe völlig anders. Doch aus der Bindungsforschung wissen wir, wie entscheidend wichtig gerade das erste Lebensjahr für Kinder ist. Immerhin sind 70 % der Kinder nicht berufstätiger Mütter sicher gebunden und nur 50 % der berufstätigen (Huber, S. 89). Entscheidend ist zwar die Qualität und nicht die Quantität der Bindung, doch nach einem harten Arbeitstag ist es schwer, sich liebevoll auf ein quengelndes Kleinkind einzulassen.

Auch die Qualität der Betreuung in Krippen und Kitas spielt eine große Rolle. In einer Zeit, in der es geradezu als unterlassene pädagogische und erzieherische Maßnahme gilt, sein Kind in den ersten Jahren zu Hause zu erziehen und nicht in die Krippe oder eine Kita zu geben, scheint völlig in Vergessenheit zu geraten, dass solche Betreuungsmodelle bereits erforscht und der dabei entstehende Stress für Kleinkinder nachgewiesen wurde. Dazu kann ich den Film „*Dr. Matjecek – Kinder ohne Liebe*", der von der tschechischen Regierung in Auftrag gegeben wurde, um die Vorteile der kollektiven Betreuung nachzuweisen, sehr empfehlen. Die Ergebnisse, die Dr. Matjecek in seinem Film dokumentierte, waren indes so niederschmetternd, dass der Film der Öffentlichkeit in der Tschechoskowakei nie vorgestellt und das Betreuungsmodell gründlich überarbeitet wurde.

Aktuelle Studien werten nicht nur die Beobachtungen der Erzieher und Eltern sowie die Verhaltensänderungen der Kinder aus, sondern weisen über die Konzentration von Stresshormonen im Speichel der Kinder eindeutig einen dauerhaft erhöhten Stresspegel nach (z. B. NICHD-Studie, Belsky et al. 2007, 2010). Die Autoren kommen zu folgendem Fazit:

„Es ist nicht länger haltbar, dass Entwicklungswissenschaftler und Krippenverfechter leugnen, dass frühe und extensive Krippenbetreuung, wie sie in vielen Gemeinden verfügbar ist, ein Risiko für kleine Kinder und vielleicht für die ganze Gesellschaft darstellt..." (Belsky 2007).

Eine Zusammenfassung von Studien, die sich mit diesem Thema befassen, finden Sie z. B. auf der Seite www.fuerkinder.org unter der

Überschrift *„Frühkindlicher Stress in der Fremdbetreuung und seine langfristigen Folgen"*. Wie der Streik der Erzieherinnen und Erzieher 2015 zeigt, ist das Bewusstsein dafür, wie wichtig gerade diese Berufsgruppe für das Wohlergehen der Kleinsten ist, in Politik und Gesellschaft immer noch nicht genügend vorhanden. Nur wenn sich eine ausreichend große Zahl zufriedener Mitarbeiter um die Kinder kümmert, kann die Stressbelastung für alle Beteiligtem im Rahmen bleiben. Die skandinavischen Länder könnten uns hier als Vorbild dienen.

Darüber hinaus beobachte ich, dass sich viele junge Frauen vor allem auf die Belastungen fixieren, die die Betreuung eines Kleinkindes mit sich bringt. Ich will durchwachte Nächte, Zahnungskrisen und Kinderkrankheiten hier nicht schönreden; das habe ich alles selbst erlebt und nicht genossen. Doch ist dies nur die eine und meiner Überzeugung nach die weniger bedeutende Seite der Medaille. Die andere besteht aus dem einzigartigen Erlebnis, entscheidend dazu beizutragen, dass sich ein Kind im *„sicheren Hafen"* weiß, und diesen Hafen mit ihm zu teilen. Jungen Frauen würde ich wünschen, sich selbst und ihrem Kind wenigstens dieses eine Jahr zu gönnen.

Vernachlässigte oder verlassene Kinder neigen eher dazu, bei Konflikten feindselig zu reagieren. Sie haben größere Probleme mit der Regulierung ihrer Gefühle. Kinder, die ihre Gefühle nicht regulieren können, gelten als schwierig. Aus diesem Grund haben sie ein hohes Risiko, in ihren Familien psychisch und/oder körperlich misshandelt zu werden. Sie fallen im Kindergarten und in der Schule unangenehm auf, werden dann häufig mit Medikamenten „beruhigt" und beginnen damit eine zweifelhafte Karriere. Viel zu wenig Lehrer wissen mit solchen Kindern umzugehen – was ja eigentlich auch nicht ihre Aufgabe ist –, und es entsteht ein Teufelskreis. Die Frage stellt sich, wie lange es sich diese Gesellschaft leisten kann, vor diesem Teufelskreis die Augen zu schließen, denn die Kinder sind und bleiben die Zukunft jeder Gemeinschaft.

Seelische Misshandlung
Das Wissen darum, dass Prügel ein Kind schädigen können, setzt sich immer mehr durch. Dass seelische Misshandlungen ebenfalls traumatisieren, ist den meisten Menschen dagegen nicht bekannt. Das Lehrbuch erklärt psychische Misshandlungen wie folgt:

„Unter psychischen Misshandlungen versteht man alle Handlungen und Unterlassungen von Eltern oder Betreuungspersonen, die Kinder ängstigen, überfordern, ihnen das Gefühl der eigenen Wertlosigkeit vermitteln und sie in ihrer psychischen und/oder körperlichen Entwicklung beeinträchtigen können" (Engfer in Egle, S. 26).

Die seelische Misshandlung geht häufig von den Eltern aus, doch können auch Anverwandte beteiligt sein, die mit dem Kind zusammen leben, zum Beispiel ältere Geschwister oder Großeltern.
Hier einige Beispiele, Vater und/oder Mutter:

- werten das Kind häufig ab, weil es so, wie es ist, „nicht richtig" ist und auch nichts richtig macht;
- werten das Kind ab, weil es kein Junge oder kein Mädchen ist oder weil es überhaupt geboren wurde;
- klagen das Kind an, Schuld an der Ehemisere zu sein, da sie sich sonst sicher längst getrennt hätten;
- machen das Kind dafür verantwortlich, dass sie eine ganz bestimmte Karriere nicht machen konnten;
- verbünden sich mit dem Kind oder setzen das Kind als Druckmittel gegen den Partner ein, um in ehelichen Machtkonflikten zu gewinnen;
- weihen das Kind in ihre Außenbeziehung ein, die es dem anderen Elternteil verschweigen muss;
- gebrauchen eine doppeldeutige Kommunikation, so dass das Kind das Vertrauen in seine Wahrnehmung und seine Gefühle verliert;

- gebrauchen das Kind als Druckmittel während der Scheidung vom Partner, machen den Partner beim Kind schlecht und verlangen, den Kontakt zu ihm abzubrechen *(Elternentfremdungssyndrom)*.

Zuweilen tarnt sich die seelische Misshandlung hinter Glaubensinhalten und Ideologien. Wir kennen Kinder aus katholischen wie evangelischen Familien und aus Sekten, die durch sogenannte „christliche" Inhalte wie Sünde und Hölle gequält wurden. Von einem Klienten wissen wir, dass in einem katholischen Kindergarten den Drei- bis Fünfjährigen vor Karfreitag Nägel in die Handflächen gebohrt wurden, damit sie das Leiden Christi besser nachvollziehen konnten. Auf den energischen Protest der Eltern hin reagierte die Kirche allerdings sofort und entließ die dafür verantwortliche Erzieherin fristlos.

Eine junge Klientin berichtete von einem Religionslehrer, der ihr in der Grundschule vorgeworfen hatte, mit dem Teufel im Bund zu sein. Als die Mutter der Klientin beim Direktor dagegen Einspruch erhob, wurde sie lächerlich gemacht. Das Kind wurde danach noch viel schlimmer drangsaliert. Es dauerte fast zwanzig Jahre, bis die Klientin wagte, sich diesem Trauma zu stellen.

Seelische Misshandlungen sind häufig schwerer zu lindern als physische Grausamkeiten, da die Betroffenen so an ihr Familienklima gewöhnt sind, dass sie das Abwerten zu ihrem eigenen Lebensprinzip gemacht haben. Das Lehrbuch schreibt dazu:

„Seelische Grausamkeit kann leicht durch bestimmte Ideologien, Glaubensinhalte und erzieherische Zielsetzungen unkenntlich gemacht werden. So bleibt eine ungebührliche Machtausübung von Erwachsenen über ein Kind oft verborgen, da das Kind nichts anderes kennt, später eine Verdrängung der schmerzlichen Erfahrungen stattfindet und zudem eine große Scham besteht, diese Eltern, die man braucht und lieben möchte, als Aggressoren zu entlarven" (Bürgin, Rost in Egle, S.163).

Es geht mir keineswegs darum, esoterische, ideologische oder religiöse Gruppen pauschal über einen Kamm zu scheren. Vorsicht ist jedoch bei denjenigen geboten, die sich totalitär organisieren und von ihren Mitgliedern fordern, sich ihren Regeln vollkommen zu unterwerfen. „Fehlverhalten" oder das Distanzieren von der Gruppe wird bestraft!

Immer wieder berichten Klienten, die sich von der Mutter oder dem Vater ihres Kindes getrennt haben, Horrorgeschichten aus diesem Umfeld. Meist geht es darum, dass sie ihre Kinder nicht sehen dürfen, weil der Guru des Elternteils, bei dem die Kinder leben, festgestellt habe, sie seien mit dem Teufel oder einem bösen Dämon im Bund. Die betroffenen Kinder müssen sich gegen Vater oder Mutter entscheiden und leben in einem schrecklichen Dilemma. Dazu ein Beispiel aus eigener Praxis:

Die Angehörige einer esoterischen Gruppe, die sich von ihrem Mann und Vater ihrer Kinder getrennt hatte, suchte mich mit ihrer sechsjährigen Tochter auf, die unter Angstzuständen litt. Außerdem verweigerte das Kind jeden Kontakt zum Vater, was die Mutter begrüßte, das Jugendamt jedoch forderte. Ich bekam den Auftrag, mich um die Angstzustände der Tochter zu kümmern. Nach einigen Wochen, in denen ich mit dem Kind gearbeitet hatte, malte sie ein Bild, das sie zusammen mit ihrem Vater zeigte: Die beiden spielten ihr Lieblingsspiel. Auf Tische und Regale hatte das Mädchen Schüsseln mit leckeren Speisen gemalt. Eigentlich sei es beim Papa sehr schön, vertraute sie mir an.

Dann kam die Mutter. Das Kind verwandelte sich, zerriss hasserfüllt sein Bild und schrie: "Das Schwein, der Scheißkerl, ich will nie wieder etwas mit dem Teufel zu tun haben!" Am nächsten Tag rief mich die Mutter an und berichtete, sie habe sich eingehend mit ihrem Medium beraten. Der Exmann sei tatsächlich ein Teufel, den das Kind nie wieder treffen dürfe, um Schlimmeres zu verhindern. Kurz darauf brach sie die Therapie ab.

Körperliche Misshandlung
Unter körperlicher Misshandlung versteht man:

„Schläge oder andere gewaltsame Handlungen (Stöße, Schütteln, Verbrennungen, Stiche usw.), die beim Kind zu Verletzungen führen können" (Engfer in Egle, S. 27).

Da nur ein Bruchteil der Kindesmisshandlungen angezeigt wird, kann man nicht wirklich sagen, wie häufig sie in Deutschland vorkommen. Die Statistik der Kriminalpolizei ist mit 2000 Fällen pro Jahr sicherlich zu tief gegriffen. Sozialwissenschaftliche Studien sprechen dagegen davon, dass die Hälfte bis zwei Drittel aller Eltern ihre Kinder schlügen, bei 10 – 15 % der Eltern könne man von Misshandlung sprechen (ebd. S. 27). Wenn wir uns über solche Zahlen wundern, sollten wir die generelle Rechtfertigung der Prügelstrafe durch die christlichen Kirchen nicht vergessen. Familien hielten sich Jahrhunderte lang an das Buch Sirach, in dem der Wahlspruch der Kindererziehung zu lesen ist: *„Wer seinen Sohn liebt, hält den Stock für ihn bereit, damit er später Freude erleben kann"* (Sirach 30, 1-2).

Im Allgemeinen kann man sagen, dass sogenannte „schwierige" Kinder, die bei Eltern aufwachsen, die sich aus sozialen und/oder psychischen Gründen überfordert fühlen, ein erhöhtes Risiko haben, misshandelt zu werden. Eltern, die nur mit Mühe für den Lebensunterhalt der Familie aufkommen können oder süchtig sind, haben weniger „Nerven" für ein Kind mit Schlaf- oder Essproblemen und sind eher bereit, ihre Wünsche mit Hilfe körperlicher Züchtigungen durchzusetzen. Ein interessanter Versuch mit verschiedenen Fotos von schreienden und lächelnden Säuglingen zeigte, dass misshandelnde Eltern selbst bei lächelnden Kindern deutlich mehr Aversionen zeigten als die Kontrollgruppe (Frodi & Lamb, 1980 in Egle, S. 78).

Die wenigsten Eltern misshandeln ihre Kinder aus Überzeugung. Meist kommt es durch das Verhalten des „schwierigen" Kindes und die Überforderung der Eltern zu einem Teufelskreis der Eskalation. Die Eltern reagieren auf das Kind mit Spannung und Aggressivität und es kommt zu Bestrafungen, die die Beziehung weiter belasten. Die Eltern fühlen sich schuldig, sehen aber keine Möglichkeit, den Vorfall mit dem Kind zu klären. Diese Frustration führt zu weiteren Spannungen, die in neue aggressive Bestrafungen des Kindes münden. Bei zwei Dritteln der Kinder, die wegen Misshandlung in eine psychiatrische Klinik eingeliefert werden, bessern sich dort die durch die Traumatisierung entstandenen Symptome (ebd. S. 166).

Es gibt keine hundertprozentigen Anzeichen, an denen man ein misshandeltes Kind erkennen könnte. Häufig zeigen solche Kinder ein ambivalentes Bindungsverhalten, das heißt, dass sie intensive Nähe suchen, um sich plötzlich spontan abzugrenzen. Die Abgrenzung geschieht je nach Temperament des Kindes entweder durch aggressive Ausbrüche oder durch ängstlichen Rückzug. Deutlicher wird das Bild, wenn sich das Kind selbst verletzt oder wenn es in seiner körperlichen, psychischen und sprachlichen Entwicklung verzögert ist.

Auch heute noch erzählen Teilnehmer in unseren Kursen, dass sie ihre Kinder zum Teil heftig prügeln und sogar würgen. Eine Teilnehmerin berichtete, dass ihr Kind eine solche Attacke knapp überlebt habe. Alle Eltern, die ihre Kinder misshandeln, sind als Kinder selbst seelisch, körperlich und häufig auch sexuell schwer misshandelt worden. Alle Eltern litten unter ihren aggressiven Ausbrüchen, fühlten sich ihren Kindern gegenüber schuldig und nahmen für sich und ihre Kinder therapeutische Hilfe in Anspruch. Von vielen wissen wir, dass sie ihr Verhalten dauerhaft ändern konnten. Es bleibt zu hoffen, dass immer mehr Eltern diesen Weg gehen, damit sie und ihre Kinder endlich heil werden.

Sexueller Missbrauch

Eine besonders perfide Form der körperlichen Misshandlung ist der sexuelle Missbrauch. Das Lehrbuch definiert:

„Unter sexuellem Missbrauch versteht man die Beteiligung noch nicht ausgereifter Kinder und Jugendlicher an sexuellen Aktivitäten, denen sie nicht verantwortlich zustimmen können, weil sie deren Tragweite noch nicht erfassen. Dabei benutzen bekannte oder verwandte (zumeist männliche) ältere Jugendliche und/oder Erwachsene Kinder zur eigenen sexuellen Stimulation und missbrauchen das vorhandene Macht- und Kompetenzgefälle zum Schaden des Kindes" (Engfer in Egle, S. 30).

In 30 – 45 % aller Fälle geht der Missbrauch von jugendlichen, oft nicht viel älteren Tätern aus (z.B. Wildwasser Wiedbaden e.V. 2004). Noch vor wenigen Jahren traf vor allem Mädchen sexuelle Gewalt. Durch die Verbreitung von Kinderpornographie im Internet ist die Anzahl der durch Männer missbrauchten Jungen jedoch besonders in Ostasien und Russland, aber auch in Westeuropa sprunghaft angestiegen. In sozialwissenschaftlichen Untersuchungen wird der sexuelle Missbrauch nach der Intensität des Übergriffs unterschieden:

- *„Leichtere Formen: Exhibitionismus, anzügliche Bemerkungen, das Beobachten des nackten Kindes gegen seinen Willen, das Zeigen von Pornos;*
- *Schwerer Missbrauch: Berühren oder Betasten der Genitalien oder Masturbationshandlungen vor dem Kind;*
- *Intensiver Missbrauch: versuchte oder vollzogene orale, anale oder vaginale Vergewaltigung; das Kind wird gezwungen, den Täter oral zu befriedigen oder – bei Jungen – mit ihm anal zu verkehren"* (Engfer in Egle, S.31).

Auslösende Faktoren für einen Missbrauch können sein:

- Alkohol- oder Drogensucht, die die Impulskontrolle des Mannes mindern und das Leugnen der Tat fördern;
- Akuter Stress wie Arbeitslosigkeit, Krankheit, Todesfälle in der Familie, Familienzuwachs;
- Abwesenheit der Mutter, wodurch in gefährdeten Familien männliche Familienmitglieder die Gelegenheit zum Missbrauch bekommen.

Sexueller Missbrauch kommt in allen sozialen Schichten vor. Oberflächlich gesehen fallen diese Familien nicht aus dem Rahmen. Verschiedene Forscher versuchten deshalb herauszufinden, ob es nicht doch Merkmale gibt, die Inzestfamilien von anderen unterscheiden. Madonna entwickelte die Beavers-Timberlan Family Evaluation Scale (1991), mit Hilfe derer die Interaktions- und Kommunikationsmuster in Inzestfamilien untersucht werden konnten (Joraschky in Egle, S. 93). Ich fasse die Ergebnisse hier kurz zusammen:

Da es sich bei Missbrauch immer um *Grenzverletzung* handelt, ist diese einer der wichtigsten Faktoren. Obwohl sich die Familien gegenüber der Außenwelt abschotten, sind die Grenzen zwischen den einzelnen Familienmitgliedern – besonders aber zwischen den Generationen – unklar und verwaschen. Die Möglichkeiten des Einzelnen, über Nähe und Distanz zu bestimmen, sind beschränkt. Gefühle, Handlungen und Gedanken anderer Familienmitglieder werden abgewertet, die Fähigkeit zu Mitgefühl ist wenig entwickelt.

Es gibt keine klare Rollen- und Aufgabenverteilung, Botschaften werden unklar oder widersprüchlich formuliert. Die Paarbeziehung der Eltern ist schwach ausgeprägt und die elterliche Fürsorge beschränkt sich häufig auf sexualisierte Aktionen. Es gibt Tabuthemen und Geheimnisse, das heißt, alle wissen, dass über den Missbrauch nicht gesprochen werden darf. Dies schafft ein paradoxes, solidarisches Gruppengefühl. Typisch ist in diesen Familien, dass Konflikte vermieden werden.

Mit Vorbehalt seien hier einige, durch wissenschaftliche Studien erhobene Persönlichkeitsstrukturen missbrauchender Väter und Mütter wiedergegeben. Danach seien missbrauchende Väter zu 85 % passiv, schüchtern und emotional und sozial abhängig (Hirsch in Egle, S. 87). Nur in der Beziehung zu einem Kind fühlten sie sich überlegen.

Die Herkunftsfamilien der Väter seien durch Trennungen und Brüche gekennzeichnet. Meist sei auch der Vater in seiner Kindheit vernachlässigt und/oder misshandelt worden und entwickelte aus diesem Grund ein so schwaches Selbstwertgefühl, dass er sich der Beziehung zu seiner gleichaltrigen Frau nicht wirklich gewachsen fühle. Auf Grund unserer Erfahrungen können wir hinzufügen, dass Männer mit nationalsozialistischem Hintergrund ihre Töchter und/oder Enkelinnen viel häufiger missbrauchten als Männer mit einer anderen ideologischen Prägung.

Die psychische Struktur der Mutter ist nicht so eindeutig. Glaubte man früher, dass sich die Frau ihrem Mann verweigere und die Tochter ablehne, hielt diese These den tatsächlichen Gegebenheiten nicht stand. Wir finden zwar auch Frauen, die massiv bagatellisieren und die Vorfälle leugnen, aber die Anzahl der Mütter, die ihren Töchtern glauben, sich von den Männern trennen und das Jugendamt aktivieren, ist mit 78,2 % deutlich in der Überzahl (Sirles & Finke in Egle, S. 88). In den Herkunftsfamilien der Mütter findet sich häufig das Phänomen (Hirsch, ebd. S. 88), dass sie aus den verschiedensten Gründen mit ihren Müttern allein blieben und von diesen zurückgewiesen wurden, eine Tatsache, die wir aus eigener Erfahrung bestätigen können.

Kinder, die sexuelle Gewalt erfahren, verändern ihr Verhalten, wobei es auch hier keine hundertprozentigen Anzeichen gibt. Am ehesten könnte man sexualisiertes Verhalten von Kindern, die von ihrer alterstypischen Entwicklung her noch kein Interesse an Sexualität zeigen sollten, als den wichtigsten Hinweis auf Missbrauch werten. Ansonsten sind solche Kinder je nach Temperament ängstlich oder aggressiv und leiden unter Albträumen und Depressionen. Viele haben Suizidphantasien oder unternahmen Suizidversuche, laufen von zu Hause weg und versuchen, ihre Probleme durch Drogen- und/ oder Alkoholkonsum zu überdecken. Typisch sind auch frühe und häufig wechselnde Sexualkontakte. Zuverlässiger als die Symptomatik ist in jedem Fall der Bericht des Kindes. Solche Berichte sollten in jedem Fall äußerst ernst genommen werden, besonders wenn es sich um Kinder vor der Pubertät handelt, die von ihrer Entwicklung her eigentlich noch kein sexuelles Interesse zeigen sollten.

Die Symptomatik sexuell missbrauchter Kinder erinnert stark an die psychischen Schwierigkeiten von Borderline-Patienten. So erstaunt es nicht, dass mehrere amerikanische Studien zu dem Ergebnis kommen, dass ca. 80 % der Betroffenen als Kinder sexuelle Gewalt erlebten (v. d. Kolk und Hermann, S. 178, 180, 189). Bei Menschen, die an dissoziativen Störungen leiden (s. d.), erlitten einer anderen Studie zu Folge ausnahmslos alle diese Traumatisierung (Saxe in v. d. Kolk, S. 257).

Der sexuelle Missbrauch gehört damit zu den Beziehungstraumata mit den langwierigsten Folgen, und es erschreckt mich immer wieder, wie selten dieses Problem auch heute noch in Psychotherapien angegangen wird. In der Studie von Saxe war der Missbrauch bei nur 58 % der Betroffenen überhaupt festgestellt, geschweige denn therapeutisch behandelt worden. Dies deckt sich leider mit unseren Erfahrungen sowohl aus der Einzelpraxis wie auch aus den Seminaren.

Die Nachwirkungen von sexuellem Missbrauch sind katastrophal, und das nicht nur für die Betroffenen! Sie wirken sich auf Tausende von Paarbeziehungen aus und sorgen für immense Schwierigkeiten. So sind die Täter von damals für das Scheitern unzähliger Beziehungen und das Auseinanderbrechen von Familien verantwortlich.

Wenn die Seele verletzt ist – die Reaktionen der Psyche auf Trauma

Ich bin überzeugt, dass die Psyche logisch funktioniert. Die Psycho-Logik folgt jedoch anderen Gesetzen als die Logik des Intellekts. Wenn man versteht, nach welchen Gesetzmäßigkeiten die Seele handelt, erkennt man, dass jedes Verhalten, jedes Gefühl ganz plausibel bestimmten Ursachen zugeordnet werden kann. Diese Ursachen sind jedoch nicht unbedingt in der Situation zu finden, in der das Verhalten oder das Gefühl aktuell auftreten. Sie beziehen sich häufig auf Ereignisse, die in der Vergangenheit des Menschen liegen und oft genug gar nicht erinnert werden.

Jeder Mensch reagiert auf das, was er erlebt, und versucht, mit diesen Erlebnissen so gut wie möglich umzugehen. Verhalten, das zum Erfolg führte, wird wiederholt, und so entstehen Regeln und Überzeugungen oder Glaubenssätze. Die meisten Verhaltensregeln und Glaubenssätze bilden sich in der Kindheit, also in einem Lebensalter, in dem es dem Menschen aufgrund seiner Entwicklung noch gar nicht möglich ist, deren Nutzen zu reflektieren. So wenden Erwachsene Erkenntnisse auf ihr aktuelles Leben an, die häufig genug aus dem Erfahrungsschatz von Kleinkindern stammen.

Die Lösungsstrategien, die dem Kind genutzt haben, um seine familiäre Situation zu bewältigen, wirken in der Gegenwart nicht unbedingt zielführend. Besonders deutlich wird dies beim Umgang mit Konflikten. Die wenigsten Menschen tun sich leicht damit, obwohl sehr viele theoretisch wissen, wie konstruktive Lösungen zu erreichen wären. Fast jeder kennt die Regeln für eine gewaltfreie Kommunikation, die Bedeutung des Wortes „Ich-Botschaft" ist den meisten bekannt, doch im Falle eines Falles scheint eine geheimnisvolle emotionale Kraft das Steuer zu übernehmen und der Konflikt wird eben doch nicht sachlich, freundlich, wertschätzend und lösungsorientiert geklärt.

Was geschieht? Die Psyche gleicht einer gigantischen Festplatte, auf der alle Erlebnisse des Menschen mit all den dazugehörigen Gefühlen und den passenden Reaktionsmustern gespeichert sind. Diese Daten befinden sich nicht alle im Arbeitsspeicher, das heißt, nicht alle Erlebnisse und Gefühle sind unmittelbar bewusst abrufbar. Was erinnert wird, hängt von unterschiedlichen Faktoren ab:

- vom Lebensalter,
- von der Wichtigkeit des Ereignisses und davon,
- ob ein Trauma vorliegt, das möglicherweise verdrängt wurde.

Wir erinnern uns, dass in traumatischen Situationen jene Teile des Gehirns blockiert werden, die eine bewusste Erinnerung ermöglichen, um diese Areale vor einer Schädigung durch Stresshormone zu schützen. Das Wort „Verdrängen", das allgemein für diesen Vorgang gewählt wird, trifft nicht wirklich, da es eine aktive Beteiligung der Betroffenen suggeriert. Niemand verdrängt bewusst! Viele Menschen, die Schlimmes erlebt haben, würden sich wünschen, dass es möglich wäre, die Erinnerung an den Schrecken zu verdrängen. Nein! Verdrängen geschieht aufgrund einer nicht bewusst steuerbaren Stoffwechselreaktion im Gehirn.

Obwohl sich diese Erinnerungen nicht im „Arbeitsspeicher der Psyche" befinden, sind sie dennoch wirksam und steuern – viel mehr als die bewusst erlernten Regeln und Muster – die Gefühle und Verhaltensweisen der Betroffenen. Besonders dann, wenn das aktuelle Erlebnis an ein verdrängtes Trauma erinnert, übernehmen Emotionen und Bewältigungsmuster die Regie, die meist wenig oder gar nichts zu einer konstruktiven Lösung beitragen. Damit reagiert die Psyche nach ihren eigenen Gesetzen streng logisch, was den Betroffenen jedoch nicht bewusst ist. Im Gegenteil sind sie häufig verzweifelt, weil sich diese Situationen wiederholen, und sie glauben, sie wären gestört, verrückt, irre und beziehungsunfähig. Dabei sind die meisten traumatisiert und könnten ihre Situation verändern, wenn sie sich selbst in der richtigen Weise verstünden.

Die unbestechliche Logik der Psyche
Jede traumatische Erfahrung prägt Verhalten. Wir unterteilen die durch Trauma entstandenen Verhaltensmuster in jene, die dazu dienen, sich vor einer erneuten Traumatisierung zu schützen – den Lösungsstrategien – und den körperlich ausgelösten Reaktionen auf Grund des Gehirnstoffwechsels – den Triggern.

Ich bin überzeugt, dass Menschen in der Regel ihr Bestes geben, um ihr Schicksal zu bewältigen. Menschen versuchen, mit ihrem Verhalten Lösungen herbeizuführen, auch wenn das auf den ersten Blick ganz anders wirkt. Deshalb betrachten wir Verhaltensweisen und Symptome nicht als zu bekämpfende Feinde: Wir nutzen sie als Wegweiser zum auslösenden Ereignis, denn weil sie mit dem Trauma verbunden sind, können sie wichtige Hinweise geben.

Wenn wir den Klienten motivieren können, unsere Sichtweise auszuprobieren, verwendet er seine Energie nicht mehr auf einen hoffnungslosen Kampf gegen sich selbst, sondern darauf, sich in seinen Reaktionen zu verstehen und die Zuordnung zu den auslösenden traumatischen Ereignissen herzustellen. Sobald der Zusammenhang mit dem Trauma klar ist, wird der Sinn des Verhaltensmusters klar. Die vormals unverständliche emotionale Reaktion wird in Verbindung mit dem Trauma nachvollziehbar, was den Klienten ungeheuer erleichtert. Damit wird es ihm möglich, bessere und dem heutigen Kontext angemessenere Verhaltensweisen zu wählen, die ihm heute besser entsprechen.

Der Vorteil von Kontrolle und Sorgen
Traumatisierte Menschen haben ganz typische Lösungsstrategien: Sie versuchen, sich so vorausschauend zu verhalten, dass eine der Traumatisierung ähnliche Situation vermieden wird. Trauma bedeutet in erster Linie einen schwerwiegenden Kontrollverlust. So jung der Mensch, der ein Trauma erlebt hat, auch gewesen sein mag, es wird sich in ihm der feste Wille bilden, so etwas nie wieder geschehen zu lassen. So dient die ausgeprägte Neigung zu kontrollieren dem Zweck, das ganze Leben in möglichst überschaubare Einheiten zu unterteilen, um die Regie zu behalten. Spontanes Handeln ist gefährlich und wird vermieden. Da das Trauma überraschend kam, hat der Betroffene gelernt, dass Überraschungen schlimm und belastend sind. Häufig versuchen so geprägte Menschen, ihre Mitmenschen ebenfalls lückenlos zu kontrollieren, da sich Traumaopfer erst dann entspannen können, wenn sie zu jeder Zeit wissen, wo sich der geliebte Mensch aufhält und was genau und mit wem er etwas tut. Dies führt nicht selten zu schweren Konflikten in Beziehungen.

Wenn man einem solchen Menschen rät, sich zu entspannen und einfach loszulassen, verkennt man den Nutzen, den die Kontrolle für den Betroffenen hat. Das Kontrollbedürfnis eines Traumaopfers entspringt ja nicht seinem Wunsch, andere zu dominieren und ihnen den eigenen Willen aufzuzwingen. Traumaopfer versuchen mit Hilfe der Kontrolle, den unerträglichen Druck, den die Unsicherheit des Lebens in ihnen auslöst, in den Griff zu bekommen. Das wird von den Betroffenen selbst als lästig und anstrengend empfunden, doch erst wenn sie wissen, dass sie sich durch ihr Kontrollieren vor einer erneuten Traumatisierung schützen wollen, kann es ihnen gelingen, Sicherheit aus anderen Fähigkeiten und Fertigkeiten zu beziehen.

Die Vorwegnahme des Schlimmsten ist eine weitere Lösungsstrategie, die Menschen anwenden, um sich vor unliebsamen Überraschungen zu schützen. Wenn man immer mit dem Schlimmsten rechnet, kann man nicht überrascht werden, und dass man nicht wirklich glücklich ist, hat ebenfalls einen entscheidenden Vorteil: Man kann nie mehr so tief abstürzen wie damals, als das Trauma geschah.

Häufig sind Menschen, die einen Krieg erlebt haben, gewohnheitsmäßig pessimistisch und machen sich Sorgen, die völlig irreal sein können. Meine Mutter, die den Zweiten Weltkrieg als junge Frau miterlebte, sorgte sich, ich könne auf meinen Reisen im deutschsprachigen Europa nicht genug zu essen bekommen oder frieren. Als ich ihr den Zusammenhang zu ihrer eigenen Geschichte erklärte, lächelte sie und meinte: „Da hast du überhaupt Recht, Kind. Heute ist das völlig unbegründet!"

Auch Existenzängste können der Abwehr einer erneuten Traumatisierung dienen. Wenn sie wirtschaftlich unbegründet sind, deuten diese Ängste darauf hin, dass es eine reale Bedrohung der Existenz gegeben haben muss – sei es in materieller oder physischer Hinsicht. Solche Ängste können Kinder auch von ihren Eltern übernehmen, die möglicherweise im Krieg ihr Hab und Gut oder viele Familienangehörige verloren haben.

Auch Angstzustände können der Traumaprophylaxe dienen. So treten Ängste vor schweren Erkrankungen häufig nach plötzlichen Todesfällen oder nach traumatischen Erlebnissen in Zusammenhang mit Krankheiten auf. Dazu ein Beispiel aus meiner Praxis:

Eine Klientin suchte mich auf, weil sie unter schlimmen Ängsten litt. Sie befürchtete, lebensgefährlich zu erkranken und bald zu sterben, obwohl sie kerngesund war. Als ich sie fragte, seit wann sie diese Ängste kenne, konnte sie mir den genauen Zeitpunkt nennen: Ihr Vierjähriger hatte plötzlich schlimme Kopfschmerzen und hohes Fieber bekommen, und sie fuhr mit dem Kind ins Krankenhaus. Der Arzt in der Notaufnahme hatte nach einem kurzen Blick auf den Jungen gesagt: „Ich weiß gar nicht, ob der morgen überhaupt noch lebt!" Das Kind wurde wieder gesund, doch die Mutter entwickelte diese Angst vor Krankheiten. Als sie verstand, dass sie unbewusst versuchte, sich vor einer Wiederholung des Traumas zu schützen, verschwanden die Ängste.

Lösungsstrategien bei Kindheitstrauma

Kinder, die in ihren Familien traumatisiert wurden, entwickeln Lösungsstrategien, um sich vor einer erneuten Traumatisierung durch andere Menschen zu schützen. Obwohl jeder Mensch individuelle Lösungen kreiert, kann man doch gewisse Ähnlichkeiten feststellen, wobei sich die Verhaltensweisen von eher introvertierten und eher extravertierten Menschen voneinander unterscheiden.

Im Folgenden habe ich die von mir beobachteten typischen Lösungsstrategien zusammengefasst. Hierbei handelt es sich natürlich um ein Modell, und wie alle Modelle kann auch dieses die Wirklichkeit individueller Persönlichkeiten nicht wiedergeben. Wir können es jedoch dazu nutzen, Tendenzen aufzuzeigen, an denen wir uns orientieren.

Die Unterscheidung zwischen intro- und extravertierten Menschen ist ebenfalls nur als mögliche Tendenz aufzufassen. Meiner Erfahrung nach neigen introvertierte Menschen bei ihren Lösungsstrategien eher dazu, sich anzupassen und Auseinandersetzungen zu vermeiden. Extravertierte sind dagegen eher bereit, aufzubegehren oder zu kämpfen. Die Extravertierten sind nicht „besser" als die Introvertierten, was jeder bestätigen wird, der schon einmal mit cholerischen Menschen zu tun hatte. Auf der anderen Seite werden diejenigen, die sich immer nur anpassen, kaum die Welt verändern. Es ist – wie immer – eine Frage des rechten Maßes.

Bei *körperlicher Misshandlung* haben Introvertierte häufig Angst, Konflikte mit Menschen auszutragen, die sie für stärker halten. Sie haben in der Regel große Mühe mit Aggressionen und auch, wenn sie im Recht sind, kämpfen sie eher nicht für sich. Ein mir aus der

Praxis bekannter Handwerksmeister wagte es nicht, säumige Zahler zu mahnen. Lieber verzichtete er auf seinen Lohn, als den Ärger des Kunden zu riskieren.

Dagegen legen sich Extravertierte mit Autoritäten an. Sie provozieren Konflikte mit Vorgesetzten und Lehrern, stellvertretend sogar mit „Vater Staat". Bei unserer Arbeit mit Autofahrern, die so viele Punkte in der Verkehrssünderkartei gesammelt hatten, dass sie sich einer psychologischen Überprüfung stellen mussten, fiel uns auf, dass viele als Kinder misshandelt worden waren. Als diese Männer verstanden, dass sie ihre Konflikte an der falschen Stelle austrugen, konnten sie ihr Verhalten glaubhaft verändern, bestanden den Test und bekamen ihre Führerscheine zurück.

Bei *psychischer Misshandlung* nimmt der Introvertierte schon vorbeugend alle Schuld auf sich und entschuldigt sich auch für Dinge, die er nicht getan hat. Er traut sich wenig zu und fühlt sich wertlos. Der Extravertierte scheint äußerlich ein starker Mensch zu sein, denn er weist alle Kritik weit von sich: Angriff ist schließlich die beste Verteidigung! Die tiefe innere Verunsicherung ist sein am besten gehütetes Geheimnis.

Sehr viele Klienten in unserer Praxis leiden an den Folgen psychischer Misshandlung. Da sie keine körperliche Gewalt erlebt haben, glauben sie, keinen Grund für ihre Schwierigkeiten zu haben. Noch heute erhalten einige die Diagnose „Persönlichkeitsstörung". Fast alle haben die Abwertungen ihrer Kindheit so gut verinnerlicht, dass sie sich selbst gnadenlos abwerten und kritisieren. Gleichzeitig haben sie Mühe, das, was sie gut können, anzuerkennen. Sie dürfen ganz einfach keine Erfolge haben! Sie erkennen die Folgen psychischer Misshandlungen daran:

- dass Sie sich ständig abwerten;
- dass Sie sich ständig antreiben;

- dass es Ihnen gelingt, Erfolge zu verhindern;
- dass Sie Ihren Erfolg nicht genießen können;
- dass Sie Lob und Anerkennung nicht ertragen.

Bei *Vernachlässigung* sehnt sich der Introvertierte nach Strukturen und fühlt sich nur dann wohl, wenn das Leben nach festen Regeln verläuft. Häufig wählt er einen entsprechenden Beruf. Spontaneität kann er nicht gut ertragen. Viele Angehörige von Glaubensgemeinschaften oder Sekten sind vernachlässigte Kinder, die im strikten Regelsystem der Gemeinschaft Halt finden.

Der Extravertierte hat früh gelernt, seine eigenen Regeln zu bilden. An diese Ressource klammert er sich unter allen Umständen. Deshalb hält er sich nicht an Vorschriften oder Gesetze und bleibt der ewig unangepasste Revoluzzer. Damit erschöpft er seine Energie in Kämpfen, die ihn nicht wirklich weiterbringen, und schafft es häufig nicht, sein Potential auszuschöpfen.

Sehr viele Menschen leiden unter *Verlassenheit*. Ein solches Trauma entsteht, wenn das kleine Kind früh von einer Bezugsperson wie Mutter oder Vater getrennt wird. Dies geschah in Deutschland bis in die 1980er Jahre zum Beispiel immer dann, wenn das Kind oder die Mutter ins Krankenhaus musste, wobei Besuche nicht erlaubt waren. Aus einem solchen Erlebnis entwickelte das Kind folgende Überzeugung: „Der Mensch, den ich am meisten liebe, wird mich auf jeden Fall verlassen." Die Betroffenen behalten eine tiefsitzende Angst vor Nähe, die von einer genauso tiefgreifenden Angst vor dem Verlassenwerden begleitet wird. Dieses Trauma zeigt sich vor allem in Beziehungen.

Der Introvertierte ist in Beziehungen abhängig oder chronisch eifersüchtig und fordert immer neue „Beweise" für die Treue des Partners. Die Ehefrau eines unserer Klienten notierte sich zum Beispiel täglich die gefahrenen Kilometer auf dem Tageszähler des Geschäftswagens ihres Mannes. Sie wusste, wie weit sein Weg zur Arbeit war, und ssobald er nach Hause kam, kontrollierte sie die gefahrenen Kilometer. Wenn der Mann einen Geschäftstermin hatte, setzte sie sich ins Auto und fuhr den Weg genau nach, um zu überprüfen, ob er nicht doch einen Abstecher zu einer Geliebten hätte machen können. Tragischerweise treiben so geprägte Menschen ihre Partner oft langsam, aber sicher wirklich in eine Außenbeziehung oder zu einer Beendigung der Partnerschaft. Der Extravertierte lässt sich nicht wirklich auf Beziehungen ein. Er bleibt ein einsamer Wolf, der sich zwar nach Beziehung sehnt, die eigene Unabhängigkeit jedoch letztlich vorzieht.

Bei *sexueller Gewalt* sind die Lösungsstrategien der Frauen, die sich vor allem im Umgang mit Sexualität zeigen, gut belegt. Doch Achtung! Nicht alle Probleme in diesem Bereich werden durch einen Missbrauch verursacht.

Die introvertierte Frau vermeidet Sexualität oder lässt sie so lange zu, bis die gewünschte Anzahl Kinder geboren wurde. Danach hat sie meist „keine Lust mehr", was in vielen Fällen die Beziehung stark belastet.

Die extravertierte Frau kontrolliert mit Hilfe der Sexualität. Eine Studie, die der Senat von Berlin 1992 in Auftrag gab, kam zu dem Schluss: *„Sexuelle Missbrauchserfahrungen in Kindheit und Jugend spielen eine zentrale Rolle für den Einstieg in die Prostitution"* (Das Gesundheitswesen 54 /10, S. 569-571). Aber auch verheiratete oder in festen Partnerschaften lebende Frauen können ihre Macht über die Männer durch Sexualität ausspielen und damit verzweifelt versuchen, die als Kind erlittene Ohnmacht auszugleichen.

Die körperlichen Reaktionen – Trigger
Ein Trigger (engl. Auslöser) ist eine Art Erinnerungsmolekül, das die Verbindung zu einem traumatischen Ereignis herstellt. Er wirkt wie ein kleiner Klöppel, der die große Traumaglocke zum Klingen bringt. Der Trigger erinnert den Betroffenen an sein Trauma, ohne dass ihm das bewusst ist. Dabei spielt es keine Rolle, wie viel Zeit zwischen Trauma und Triggersituation verstrichen ist; alle Emotionen, die in der traumatischen Situation gefühlt wurden, werden durch den Trigger wachgerufen. Der Betroffene befindet sich plötzlich in genau demselben Zustand wie zu dem Zeitpunkt, als das Trauma geschah.

Ein Trigger muss mit dem Trauma nicht völlig übereinstimmen. Es genügt, dass einzelne Bestandteile des Traumas wie Gerüche, Töne oder Gefühle in der gegenwärtigen Situation anklingen. Da ein Trauma immer von äußerst heftigen Gefühlen begleitet wird, können Gefühle selbst zum Trigger werden. Es können aber auch Eindrücke sein, die mit dem Trauma direkt nichts zu tun haben, sich aber im Umfeld des Ereignisses befanden wie zum Beispiel bestimmte Farben, spezielle Pflanzen oder eine besondere Jahreszeit. Dazu ein Beispiel:

Eine Klientin hasste den Geruch von Tannennadelshampoo oder Latschenkiefernöl. Sobald sie mit diesem Duft konfrontiert sei, kämpfte sie mit heftigem Brechreiz und dem Impuls zu flüchten. Es war ihr deshalb unmöglich, eine Sauna zu besuchen. Sie selbst empfand ihr Verhalten als blödsinnig und sah darin wieder einmal einen Beweis für ihre Wertlosigkeit. Ich erkannte, dass der Geruch von Tannennadeln sie antriggerte. Im Laufe der Therapie kam heraus, dass sie als kleines Kind von ihrem Vater in einem Wald sexuell missbraucht worden war. Der Geruch von Tannennadeln erinnerte sie ganz automatisch an die brutale sexuelle Gewalt. Jetzt verstand sie sowohl den Brechreiz als auch ihr Fluchtbedürfnis.

Auch Kommunikationsformen können zu Traumatriggern werden, vor allem aber der *Doublebind*. Beim Doublebind werden auf zwei unterschiedlichen Kommunikationsebenen – der verbalen und der nonverbalen Ebene – widersprüchliche Botschaften ausgesandt. Dies löst größte Verwirrung aus. Lange glaubten die Experten, nur in Familien mit psychotischen Erkrankungen würden Doublebinds gebraucht. Heute wissen wir, dass dieses Kommunikationsmuster in nahezu allen Bereichen der Gesellschaft vertreten ist und große Schäden anrichtet. Wenn Sie mehr über dieses komplexe Thema wissen möchten, können Sie sich in unserem Buch *„Wege aus der Zwickmühle, Doublebinds verstehen und lösen"* informieren (2016, VSK, Ravensburg).

Da Triggersituationen die Betroffenen in die Vergangenheit katapultieren, werden dieselben biochemischen Reaktionen wie beim Trauma ausgelöst. Amygdala übernimmt die Steuerung, was heißt, dass ein getriggerter Mensch seine Reaktionen nur bedingt, wenn überhaupt, kontrollieren kann. Er ist sich selbst und seinen heftigen Gefühlen völlig ausgeliefert. Die Umwelt reagiert meist verständnislos, weil die reale Situation und die Heftigkeit der Reaktion im Missverhältnis stehen. Das Traumaopfer wird häufig verurteilt und bestraft. So geraten die Betroffenen in einen Teufelskreis, aus dem sie ohne fremde Hilfe nur schwer herausfinden: Sie wissen, dass sie heftig reagieren, können aber nichts dagegen tun und verurteilen sich dafür. Hilflos erleben sie immer wieder, dass sie von ihren Mitmenschen wegen ihrer „unbeherrschten Reaktionen" abgelehnt werden, und dafür verurteilen sie sich noch mehr. Da sie nicht wissen, dass sie sich in einer Triggersituation befinden, glauben sie, dass mit ihnen etwas nicht stimmt, dass sie einen „Persönlichkeitsdefekt" oder eine „Persönlichkeitsstörung" hätten. Diese Diagnose, oft genug von Therapeuten und Psychiatern gestellt, treibt die Betroffenen noch tiefer in die Verzweiflung.

Erschwerend kommt hinzu, dass die Traumata der Kindheit häufig vollkommen verdrängt sind oder dass die Betroffenen psychische und körperliche Misshandlungen für so normal halten, dass sie ihre Verhaltensmuster damit nicht in Verbindung bringen. Sie erhalten also keinen Hinweis aus ihrer Biographie, der solche Verhaltensweisen rechtfertigte. So stehen die Betroffenen unter enormem Druck, den sie je nach Temperament und Schwere der Traumatisierung unterschiedlich zu bewältigen versuchen.

Es ist ganz einfach zu erkennen, ob Sie einfach nur emotional oder ob Sie getriggert reagieren: Gibt es Situationen, in denen Ihnen buchstäblich die Sicherung durchbrennt, ohne dass sie sich dies erklären können? Wut gegenüber Frechheiten kann man kaum als Trigger bezeichnen. Doch wenn Sie über Kleinigkeiten stolpern oder jedes Mal bei denselben „harmlosen" Themen abschalten, steht Ihre Reaktion in keinem direkten Zusammenhang mit dem realen Kontext.

Trigger erkennt man immer daran, dass man nicht angemessen reagiert und dies auch selbst erkennt. Reaktionen auf Trigger können sein:

- heftige Wut;
- abgrundtiefe Verzweiflung;
- Fluchtgedanken;
- abdriften, sich wie unter einer Käseglocke fühlen;
- erstarren;
- plötzliche Kopfschmerzen, Brechreiz, Atemnot;
- Panikattacken, Angstzustände.

Die Erkenntnis, dass man sich in einer Triggersituation befindet, ist bereits der erste Schritt zu einer Veränderung. Mit Hilfe eines Traumatherapeuten kann es den Betroffenen gelingen, die Regie über ihre emotionalen Reaktionen zurückzugewinnen. Die Erkenntnis, dass sich die Gefühle auf eine Situation in der Vergangenheit beziehen, reicht häufig schon aus, um den Trigger zu entschärfen und den Betroffenen nachhaltig zu entspannen.

"Trojanische Pferde" – Virusprogramme in der Seele
Jedes Kind wird von einer Mutter und einem Vater geboren. Das ursprüngliche, natürliche Bedürfnis des Kindes ist es, eine tiefe, vertrauensvolle Beziehung zu beiden Elternteilen aufzunehmen. Es möchte sich binden. Nicht alle Mütter und Väter sind, wie wir inzwischen wissen, zu solch einer vertrauensvollen, sicheren Beziehung bereit, entweder weil sie es nicht wollen, oder, weit häufiger, weil sie es nicht können. Mütter und Väter, die ihre Kinder vernachlässigen und/oder misshandeln, sind dennoch die einzigen Bezugspersonen, die das Kind hat. Das Kind befindet sich in einem ernsten Dilemma, einem unlösbaren Konflikt: Die Menschen, denen es vertrauen will, behandeln es schlecht, doch wenn es ihnen nicht vertraut, verliert es seine einzigen Bezugspersonen. Es ist noch lange nicht in der Lage, ohne seine Eltern zu leben. Also trifft es eine schwerwiegende Entscheidung: Es entscheidet, nur die guten Seiten von Mutter oder Vater wahrzunehmen. Die Verantwortung der Eltern wird geleugnet, ja häufig werden sie sogar idealisiert. Das Kind glaubt, für die schlechte Behandlung selbst verantwortlich zu sein. Ohnmacht, Wertlosigkeit, Schuld und Scham sind die Gefühle, die von nun an sein inneres Bild bestimmen. Das Lehrbuch führt dazu aus:

"Störungen des Selbstgefühls mit Gefühlen absoluten Unwertes, einhergehend mit ständigen Selbstzweifeln, verwirrenden Entwertungszyklen in Beziehungen sowie oft trostlosen Körpergefühlen des Häss-lichseins und der Verunstaltung, sind typische Phänomene im Selbsterleben Traumatisierter" (Joraschky in Egle, S. 140).

In der Fachsprache wird die Identifikation mit den Abwertungen und Misshandlungen *"Täterintrojekt"* genannt. Dieses Täterintrojekt wirkt wie ein Virusprogramm auf einem Rechner: Es stört den gesunden Ablauf und kann sogar bewirken, dass der Rechner abstürzt und arbeitsunfähig wird. Sandor Ferenczi, der den tatsächlichen sexuellen Missbrauch an Kindern als einer der wenigen Psychoanalytiker anerkannte, schreibt darüber 1933 im schon erwähnten Artikel in der *„Internationalen Zeitschrift für Psychoanalyse"*:

Schwer zu erraten ist das Benehmen und das Fühlen von Kindern nach solcher Gewalttätigkeit. Ihr erster Impuls wäre: Ablehnung, Haß, Ekel, kraftvolle Abwehr. „Nein, nein, das will ich nicht, das ist mir zu stark, das tut mir weh. Laß mich", dies oder ähnliches wäre die unmittelbare Reaktion, wäre sie nicht durch eine ungeheure Angst paralysiert. Die Kinder fühlen sich körperlich und moralisch hilflos, ihre Persönlichkeit ist noch zu wenig konsolidiert, um auch nur in Gedanken protestieren zu können, die überwältigende Kraft und Autorität des Erwachsenen macht sie stumm, ja beraubt sie oft der Sinne. Doch dieselbe Angst, wenn sie einen Höhepunkt erreicht, zwingt sie automatisch, sich dem Willen des Angreifers unterzuordnen, jede seiner Wunschregungen zu erraten und zu befolgen, sich selbst ganz vergessend, sich mit dem Angreifer vollauf zu identifizieren. Durch die Identifizierung, sagen wir Introjektion des Angreifers, verschwindet dieser als äußere Realität und wird intrapsychisch, statt extra ....

Jedenfalls hört der Angriff als starre äußere Realität zu existieren auf, und in der traumatischen Trance gelingt es dem Kinde, die frühere Zärtlichkeitssituation aufrechtzuerhalten. Doch die bedeutsamste Wandlung, die die ängstliche Identifizierung mit dem erwachsenen Partner im Seelenleben des Kindes hervorruft, ist die Introjektion des Schuldgefühls des Erwachsenen .... Erholt sich das Kind nach solcher Attacke, so fühlt es sich ungeheuer konfus, eigentlich schon gespalten, schuldlos und schuldig zugleich. Ja mit gebrochenem Vertrauen zur Aussage der eigenen Sinne ....

Fast immer benimmt sich der Täter, als ob nichts geschehen wäre, auch beruhigt er sich mit der Idee: „Ach, es ist ja nur ein Kind, es weiß noch nichts, es wird alles wieder vergessen.

Da die Betroffenen vergessen haben, dass das Abwertungsprogramm ursprünglich nicht von ihnen stammt, dass es sich also um ein Fremdprogramm handelt, sind sie ihm hilflos ausgeliefert. Wie ein trojanisches Pferd verbirgt dieses Fremdprogramm seinen destruktiven Inhalt und tut so, als ob es dazugehöre. In dem Augenblick, wo die Betroffenen versuchen, ihr negatives Selbstbild zu ändern, schlägt es unvermittelt zu, kann den Rechner zum Absturz bringen und den Menschen in eine schwere Krise stürzen. Dazu ein Beispiel:

Eine junge Frau kam zu mir, weil es ihr unmöglich war, eine wirkliche Liebesbeziehung einzugehen. Sie hatte zahlreiche Affären gehabt – Sexualität war kein Problem für sie – doch immer wenn es in dem Sinne ernst wurde, dass sich die Affäre in eine Liebesbeziehung zu verwandeln drohte, empfand sie plötzlich so intensiven Abscheu vor dem Mann, dass sie die Beziehung sofort beendete. In der Therapie erkannte sie, dass dem Gefühl des Abscheus etwas vorausging, ein Virusprogramm, das ihr in dem Augenblick, wo wirkliche Nähe aufkam, einflüsterte: „Du bist doch der letzte Dreck! Kein Mann, der etwas auf sich hält, wird sich mit dir Schlampe jemals einlassen!" Den Abscheu, den sie in diesem Augenblick vor sich selbst empfand, projizierte sie auf den Mann und verließ den Partner.

Es ist häufig gar nicht so leicht, ein solches Virusprogramm zu löschen. Es schützt die Betroffenen wirksam davor, enge Beziehungen einzugehen, und obwohl sie sich so sehr danach sehnen, haben sie gleichzeitig große Angst davor. Als kleine Kinder hatten sie sich entschieden, nur die gute Seite der Eltern ins Bewusstsein dringen zu lassen, und doch existieren auf ihren Seelen-Rechnern die Spuren von Misshandlung und Vernachlässigung. So ist das, was sie sich am meisten wünschen, gleichzeitig das, was sie am meisten fürchten: die Nähe wird zum Trigger. Es dauert seine Zeit, bis die Betroffenen die Eltern als Personen mit guten und mit misshandelnden, vernachlässigenden Anteilen wahrnehmen können. Erst wenn klar ist, dass das Kind damals nicht verantwortlich war, ja gar nicht verantwortlich sein konnte, weil es der Willkür der Erwachsenen ausgeliefert war, besteht die Möglichkeit, das innere Bild von sich selbst gründlich zu revidieren.

Dass sich Opfer mit ihren Tätern verbünden, kennen wir von Entführungen. Dauert die Geiselnahme länger, wird von allen Entführungsopfern gleichlautend beschrieben, wie sich der Kontakt zum Geiselnehmer fortlaufend verändert: Zuerst wird er als verabscheuungswürdiger Aggressor wahrgenommen. Dann folgt die Einsicht, dass der Täter über Leben und Tod entscheidet und meist der einzige Mensch ist, zu dem überhaupt Kontakt besteht. Die Geisel, deren Schicksal von seinem Wohlergehen abzuhängen scheint, tut dann alles, um sich zu retten. Sie nimmt sogar sexuelle Beziehungen zu ihrem Entführer auf, warnt ihn vor der Polizei und schlägt sich vermeintlich auf seine Seite.

Seit die Geiseln in einer Stockholmer Bank während ihrer Gefangenschaft, die vom 23. bis 28. August 1973 dauerte, ihre Banken anwiesen, Lösegeld und Kautionen für ihre Entführer auszuzahlen und einige Frauen sich sogar mit den Tätern verheiraten wollten, nennt man dieses Phänomen *„Stockholmsyndrom"*. Ein prominentes Beispiel dafür ist die Verlegerstocher Patricia Hearst, die 1974 entführt wurde. Nach einigen Wochen Geiselhaft schloss sie sich scheinbar den Entführern an und nahm an deren Aktionen teil. Sie wurde bei einem Bankraub verhaftet und zu einer mehrjährigen Gefängnisstrafe verurteilt, obwohl sie angab, schwer misshandelt und unter Drogen gesetzt worden zu sein. 1979 wurde sie durch Bill Clinton begnadigt.

Das unbewusste Inszenieren
Jeder lernt in seiner Kindheit, wie das Leben funktioniert. Jeder bildet aufgrund dieser Erlebnisse Glaubenssätze und Verhaltensregeln, um sein Leben zu bewältigen. Doch das ist noch nicht alles! Weil wir als Kinder davon überzeugt sind, dass das, was wir erleben, „normal" ist, entwickelt sich eine Art unbewusstes inneres Skript oder Drehbuch, in dem wir festlegen, wie das Leben zu funktionieren hat. Aufgrund dieser Matrix verhalten wir uns unbewusst so, dass ziemlich genau das eintrifft, was wir schon in unserer Kindheit erlebt haben.

Wir tragen sehr viel dazu bei, dass sich Ereignisse wiederholen. Weil das Drehbuch nicht bewusst ist, wird die eigene Beteiligung in der Regel nicht wahrgenommen. Meist wird die Verantwortung dafür den anderen zugeteilt. Tatsächlich machen wir, ohne es zu wissen, unsere Mitmenschen zu Schauspielern in unseren Kindheitsdramen. Wir weisen ihnen ihre Rollen zu und interpretieren ihr Verhalten in Übereinstimmung mit diesen Rollen.

Besonders traumatisierte Menschen leiden enorm darunter, dass sich die furchtbaren Erlebnisse ihrer Kindheit in ihrem erwachsenen Leben mit unterschiedlichen Personen wiederholen. Wenn diese Situationen in der Therapie reflektiert werden, kann die eigene Beteiligung zu Tage treten. Dies anzuerkennen macht den Betroffenen häufig große Mühe. Das ist nur zu verständlich, denn als Kinder waren sie tatsächlich Opfer, und nun sollen sie plötzlich selbst verantwortlich sein? Doch wenn immer nur die anderen „schuld" wären, gäbe es keine Möglichkeit, etwas zu verändern. Dann müssten die Betroffenen ihr Schicksal annehmen und sich mit einem unglücklichen Leben zufrieden geben.

Wie ist die Eigenbeteiligung zu verstehen?

Ich meine damit nicht, dass die Betroffenen bewusst Situationen herbeiführen, um sich oder anderen zu schaden oder sie zu ärgern. Indem sie ihren Mitmenschen, ohne es zu wissen, Rollen in ihren Kindheitsdramen zuweisen, interpretieren sie deren Verhalten als gegen sich gerichtet, auch wenn das von den ahnungslosen „Schauspielern" häufig gar nicht beabsichtigt ist. Das psychologische Fachwort für dieses Verhalten lautet „*Projektion*": das Verhalten von Vater, Mutter oder einer anderen Person, die das Kind als Täter erlebte, wird auf einen fremden Menschen projiziert. Die Betroffenen sind so felsenfest davon überzeugt, dass die Anderen „die Bösen" sind, dass sie ihr eigenes Verhalten nicht reflektieren. Es scheint wie von selbst zu geschehen, dass sich das Schlimme immer wieder manifestiert. In der Traumatherapie sprechen wir deshalb von „*unbewusstem Inszenieren*". Dazu zwei Beispiele:

Ein Mann wurde gegenüber seiner Schwester benachteiligt. In seiner Erinnerung bekam sie alles, er ging leer aus, und sie wurde noch nicht einmal bestraft, wenn sie etwas von seinen Sachen nahm. In seinem erwachsenen Leben „übersah" er Rechnungen oder Mahnungen. Er nahm sich zwar vor, die Briefe zu öffnen, doch irgendwie gerieten sie entweder ins Altpapier oder wanderten auf Stapel, die er später bearbeiten wollte und dann vergaß. Wenn das Geld von den Gläubigern dann schließlich eingeklagt wurde, erlebte der Betroffene das als ungerechte Aggression von außen. Schon wieder wurde ihm etwas weggenommen! Seine eigene Beteiligung nahm er jedoch nicht wahr.

Eine Frau berichtete, ihre Zwillingsschwester sei ihr immer vorgezogen worden. Deshalb hatte sie große Angst davor, abgelehnt und ausgegrenzt zu werden. Genau das passierte ihr aber immer wieder mit Menschen, die ihr wirklich wichtig waren. Worin bestand ihr Beitrag? Je mehr sie sich ihren Freunden verbunden fühlte, umso stärker kritisierte sie diese und teilte ihnen diese Kritik ganz ehrlich mit, ohne auf die Abgrenzungsversuche ihrer Freunde zu reagieren. Damit überschritt sie regelmäßig Grenzen, denn sie stellte Dinge in Frage, die ihr nicht zustanden. Letztlich geschah genau das, wovor sie so große Angst hatte: Die Freunde beendeten die Beziehung.

Die Menschen, die als Kinder die traumatisierende Seite ihrer Eltern vollständig abspalten mussten und Vater und Mutter stattdessen idealisierten, inszenieren dieses Muster ebenfalls in ihren Beziehungen. Sie übertragen die Abspaltung auf alle Menschen, indem sie den anderen entweder idealisieren oder ihn, wenn er diesem Ideal nicht genau entspricht, in Bruchteilen von Sekunden plötzlich zum Feind erklären. Damit zeigen sie genau das, was mit ihnen geschehen ist: Die gute Mutter wurde im Bruchteil von Sekunden zur schlagwütigen Bestie, der liebe Papa genau so rasch zum gewalttätigen Monster.

Menschen, die an einer Zwangserkrankung leiden, setzen unserer Meinung nach ebenfalls häufig ihr Trauma in Szene. So litt ein junges Mädchen an dem Zwang, ihrer Mutter immer alles zeigen zu müssen. Gleichzeitig hatte sie heftige Unterbauchschmerzen, ohne dass eine körperliche Ursache zu ermitteln war. Mit ihrer Zwangssymptomatik und mit ihren Schmerzen demonstrierte das Mädchen ihr Trauma und gleichzeitig den Befehl des Stiefvaters, den sexuellen Missbrauch keinesfalls zu verraten. Da es etwas zu zeigen gab, zeigte sie ihrer Mutter alles andere, nur nicht das, was sie ihr eigentlich klarmachen wollte und worauf die Bauchschmerzen hinwiesen – das sich jede Nacht wiederholende Trauma.

Inszenierungen kann man wie Triggersituationen daran erkennen, dass sich Menschen unangemessen verhalten. Immer wenn sich Menschen scheinbar freiwillig in Situationen begeben oder Handlungen ausführen, die ihnen überhaupt nicht guttun, können wir davon ausgehen, dass wir es mit Inszenierungen zu tun haben. Im Gegensatz zur Triggersituation müssen die Betroffenen dabei emotional nicht aufgewühlt sein. Sie können völlig ruhig sein oder sich sogar provokant zeigen. Hinter dieser Fassade stehen indes ganz andere Gefühle, die von den Betroffenen selbst nicht wahrgenommen werden.

Häufig machen diese Inszenierungen auch die Therapeuten wütend, da das unangemessene Verhalten nicht gleich als das erkannt wird, was es ist. So berichtete mir eine Kollegin in der Supervision von einer Klientin, die grundsätzlich nicht zu den vereinbarten Terminen erschien, sondern immer dann auftauchte, wenn sie überhaupt keine Zeit für sie hatte. Erst als sie das Tun ihrer Klientin als Inszenierung begriff – die Klientin zeigte ihr, dass sie sich nie und nirgendwo willkommen fühlte –, konnte sie in der richtigen Weise therapeutisch darauf einwirken.

Da sie mit ihrem Tun ihre Mitmenschen verärgern, isolieren sich Traumaopfer. Viele betäuben sich mit Drogen oder Alkohol oder entwickeln ernsthafte psychische Symptome. Allein können sie den Teufelskreis aus Inszenierung und Isolation nicht durchbrechen. Erst wenn sie mit therapeutischer Begleitung verstehen, was sie zu zeigen versuchen, kann der Ausstieg aus dem Drama gelingen.

Wenn sich belastende Situationen wiederholen, können wir nur dann etwas daran verändern, wenn wir unsere Wahrnehmung in Frage stellen, aufhören, die anderen zu beschuldigen, und ergründen, was wir unbewusst dazu beitragen, dass genau das geschieht, was wir unbedingt vermeiden möchten. Dies erfordert Ehrlichkeit, Offenheit und Mut und in den meisten Fällen therapeutische Begleitung. Ich kann Sie trotzdem nur dazu ermutigen. Sobald Sie Ihre Insenzierung durchschauen, werden Sie sich anders verhalten und entspanntere, glücklichere Zeiten erleben.

Der Aufwand lohnt sich!
Versprochen!

Symptome aufgrund einer Traumatisierung

Jetzt wenden wir uns den Symptomen zu, die diejenigen entwickeln, denen keine genügend starken Ausgleichsfaktoren zur Verfügung standen. Ich verwende die klinischen Begriffe des internationalen Diagnosemanuals ICD 10 und das nicht etwa deswegen, um Menschen in bestimmte „Schubladen" einzuordnen. Sie haben in den letzten Kapiteln erfahren, dass traumatische Erlebnisse ziemlich ähnliche Verhaltensmuster prägen. Dasselbe gilt auch für die Symptome: Traumatisierte Menschen entwickeln auf Grund dieser speziellen Prägung ähnliche Symptome. Wenn ich den dafür allgemein bekannten, übergeordneten Begriff verwende, tue ich nichts anderes, als wenn ich Äpfel, Birnen und Bananen als Obst bezeichne. Darüber hinaus weiß jeder Arzt und jeder Psychotherapeut genau, worüber ich spreche, was die Arbeit im Sinne des Klienten erleichtert.

Die klinischen Begriffe erfüllen mich jedoch nicht mit Ehrfurcht in dem Sinne, dass jemand, der eine solche Diagnose erhalten hat, „kränker" oder „gestörter" ist als jemand ohne Diagnose. Letztlich ist jedes Symptom ein Verhaltensmuster, geprägt durch meist lange zurückliegende Erlebnisse. Wenn es dem Betroffenen gelingt, seine Strategien aus dem damaligen Kontext heraus zu verstehen und der Gegenwart entsprechend nützlichere Verhaltensweisen zu lernen, dann ist es ihm gleich, ob sein Problem ursprünglich als Symptom, Krankheit, Störung oder „Macke" bezeichnet wurde. Folgende Symptome und Symptomkomplexe entstehen nur oder überwiegend durch eine Traumatisierung:

- Dissoziative Störungen
- Selbstbeschädigendes Verhalten
- Somatisierungsstörung
- Angststörungen mit Panikattacken
- Borderline-Störung

- Depression
- Zwangserkrankungen
- Posttraumatische Belastungsstörung PTBS

Diese Diagnosen werden in der Mehrzahl der Fälle dem Trauma nicht zugeordnet. Besonders die Opfer der Beziehungstraumata hören oft genug, ihre Beschwerden seien vor allem persönliche Defizite. Sie erhalten häufig die Diagnose „Persönlichkeitsstörung", die im ICD 10 in Kapitel F6 beschrieben sind, und zwar:

- *„paranoid – empfindlich, misstrauisch, streitsüchtig*
- *schizoid – freudlos, einzelgängerisch, unsensibel*
- *dissozial – herzlos, verantwortungslos, gewalttätig*
- *instabil – impulsiv, aggressiv, explosiv*
- *histrionisch – theatralisch, oberflächlich, dramasüchtig*
- *anankastisch – zwanghaft, pedantisch, rigide, eigensinnig*
- *ängstlich – besorgt, unsicher, vermeidend, empfindlich*
- *abhängig – unselbständig, ängstlich, hilflos"* (S. 227 - 232)

Soweit die „Hitliste" persönlicher Defizite. Sie werden sicher mit mir übereinstimmen, dass die Zuordnung zu einer dieser Gruppen für den Betroffenen äußerst abwertend und in keiner Weise hilfreich ist. Wir helfen unseren Klienten in jedem Falle mehr, wenn wir ihnen den Zusammenhang zwischen ihrem Trauma und ihren Symptomen aufzeigen und ihnen Mut machen, dass das daraus entstandene Verhalten tatsächlich veränderbar ist.

Dissoziation
Der Begriff Dissoziation bedeutet, dass der Teil des Menschen, der etwas erlebt, von dem Teil abgespalten wird, der das Erlebte registriert. Dieses „Überlebensmuster" ereignet sich vor allem im kindlichen Gehirn. Die traumatische Erfahrung bzw. ihre Wiederholung – de-

ren Realität die Erwachsenen häufig leugnen – ist für das Kind so überwältigend, dass es sein Ichbewusstsein vom Trauma abzieht. Es reagiert nach dem Motto: *Das Kind, dem das Böse passiert, bin nicht ich.* So kommt es zu einer vollkommenen Abspaltung der Erinnerung an das Trauma und der damit verbundenen Gefühle. Dieser seelische Prozess wird *Dissoziation* genannt. Häufig wird das schreckliche Ereignis vollkommen verdrängt. Shengold schreibt:

„Bei akuten Ereignissen kann man ohnmächtig werden oder alle Gefühle abschneiden, bei wiederholt einwirkenden Traumen wird auch dieser Mechanismus chronisch. Was geschieht, ist so furchtbar, dass es nicht gefühlt werden darf und nicht registriert werden kann – eine massive Isolation der Gefühle, verbunden mit Konfusion und Verleugnung, wird bevorzugt" (1979, S. 538).

Wenngleich dieser Mechanismus dem Kind helfen mag, den Missbrauch zu überleben, hat er doch entscheidende Nebenwirkungen, da das Abspalten von Gefühlen zur Gewohnheit wird. Die Fähigkeit, Gefühle wahrzunehmen und zu verbalisieren, wird nicht geübt. Damit fehlen dem Traumaopfer wichtige Hinweise, um gefährliche Situationen richtig einzuschätzen. Viele Betroffenen werden zusätzlich depressiv, leiden unter Konzentrationsstörungen und verlieren das Interesse an der Außenwelt.

Misshandelte Kinder haben auch als Erwachsene Schwierigkeiten, sich über ihre Empfindungen zu äußern. Ohne Zugang zu seinen Gefühlen kann der Mensch kein Selbstwertgefühl entwickeln. Er hat eher das Gefühl, unter einer Käseglocke zu leben und nicht wirklich am Leben teilzunehmen. Manche fühlen sich „wie tot" und verschaffen sich zum Beispiel Erleichterung, indem sie sich selbst verletzen. Im Augenblick der absoluten Dissoziation empfinden sie dabei keinerlei Schmerz. Erst wenn Blut fließt kehrt die Empfindung zurück und damit die Gewissheit, lebendig zu sein. Daraus folgt: Immer wenn Menschen große Schwierigkeiten beim Empfinden und Wiedergeben von Emotionen haben und sich häufig wie abgeschnitten von ihrer Umwelt fühlen, sollte man eine Traumatisierung in Erwägung ziehen.

Bei besonders schweren Fällen von Traumatisierung können Menschen Persönlichkeitsteile so umfassend abspalten, dass diese ein Eigenleben führen, eine eigene Handschrift und eigene charakterliche Ausprägungen besitzen, ohne dass die einzelnen Teile voneinander wissen. Diese Störung nennt man „*Multiple Persönlichkeitsstörung*". Sie ist zum Glück äußerst selten und doch kommt sie vor. Ich selbst habe erst zwei Frauen kennengelernt, die an dieser Störung litten.

Selbstbeschädigendes Verhalten
Wir unterscheiden bei dieser Störung zwischen offener und heimlicher Selbstbeschädigung. Die heimliche Selbstbeschädigung sei hier nur der Vollständigkeit halber erwähnt. Die Betroffenen fügen sich selbst Verletzungen zu oder täuschen Krankheiten vor, um in eine Klinik aufgenommen und möglichst operiert zu werden. Diese Störung wird „*Münchhausen Syndrom*" genannt (ICD 10, F68.1, S. 250) und kann auch stellvertretend an Kindern vorgenommen werden, die durch Medikamente von ihren Eltern absichtlich krank gemacht werden. Die offene Selbstbeschädigung definiert das Lehrbuch wie folgt:

„Unter der Bezeichnung ‚offene Selbstbeschädigung' versteht man psychische Erkrankungen, bei denen es zu selbst zugefügten körperlichen Verletzungen kommt, die zunächst nicht in suizidaler Absicht geschehen. Am häufigsten kommen selbst zugefügte Schnittverletzungen mit Rasierklingen oder anderen Gegenständen, Selbstverbrennungen und Kratz- oder Schürfwunden der Haut vor" (Eckhardt-Henn in Egle, S. 293).

Die Betroffenen befinden sich in einem unerträglichen Spannungszustand und fühlen sich vollkommen leblos. Der Zustand der Dissoziation wird als unerträglich erlebt. Während sie sich verletzen, empfinden die Klienten keinen Schmerz; der Körperteil, der verletzt wird, ist wie tot. Nach der Selbstbeschädigung normalisiert sich das Schmerzempfinden, was der Klient als Erleichterung erlebt, da er sich wieder lebendig fühlt.

Alle Menschen, die sich bewusst schädigen oder verletzen, stammen aus traumatisierenden Familiensystemen, wobei Schutzfaktoren fehlten oder nicht genügend vorhanden waren. Die überwiegende Mehrzahl ist in der Kindheit misshandelt oder vernachlässigt, etwa 50 – 60 % sexuell missbraucht worden. Selbstverletzungen gehören ebenfalls zum Krankheitsbild des Borderline-Syndroms (ebd. S. 299).

Die Selbstverletzung hat mehrere Funktionen. Zum einen ist sie Mittel zur Selbstbestrafung und entlastet damit von heftigen Scham- und Schuldgefühlen, aber auch von einer als unerträglich erlebten Spannung. Sie bringt zwar einerseits ein äußerst negatives Selbstgefühl zum Ausdruck, gleichzeitig gibt sie dem Betroffenen aber ein Gefühl der Kontrolle. Die meisten Klienten geben an, dass sie sich durch den Akt der Selbstverletzung tief entspannen. Durch das Einsetzen des Schmerzgefühls überbrücken sie die Kluft zu ihren völlig abgespaltenen Körpergefühlen und fühlen sich wieder lebendig.

Eine sechzehnjährige Klientin hatte sich mit einer Rasierklinge den Arm aufgeschnitten. Sie hatte sich zum ersten Mal selbst verletzt und sagte: „Ich weiß, dass das total blöd war, aber meine Seele hat so heftig wehgetan, dass ich es nicht mehr ausgehalten habe. Als ich mich geschnitten habe, wurde es sofort besser. Dass das keine Lösung ist, weiß ich selber. Deshalb bin ich hier!"

Klienten, die sich selbst verletzen, brauchen eine kontinuierliche Psychotherapie, die vorzugsweise in einer Klinik oder durch ein kompetentes Therapeutenteam stattfinden sollte. Wenn dieses Lösungsmuster schon seit vielen Jahren als stabilisierender Faktor dient, geben die Klienten ihr Schutzverhalten nicht so einfach auf. Durch die Therapie können bisher gut verdrängte Ängste auftauchen, die dazu führen, dass die Betroffenen das bekannte Lösungsmuster verstärken, so dass die ärztliche Versorgung zu jeder Tages- und Nachtzeit sichergestellt werden muss.

Für diejenigen, die mit Kindern arbeiten, ist wichtig zu wissen, dass bei selbstbeschädigendem Verhalten in jedem Fall von einer traumatisierenden Familie, schlimmstenfalls von sexuellem Missbrauch auszugehen ist. Kinder und Jugendliche zeigen diese Symptomatik erst nach jahrelanger Misshandlung. Wem dies auffällt, sollte sich umgehend Schritte zum Schutz des Kindes oder Jugendlichen überlegen.

Somatisierung
Unter dem Begriff „*Somatisierung*" sind die psychosomatischen Krankheiten zusammengefasst. Somatisierung bedeutet, dass ehemals seelische Empfindungen auf die Körperebene verlagert werden. Traumatisierte Menschen, die ihre Gefühle dissoziieren, neigen dazu, diese durch körperliche Symptome zu ersetzen. Eine 1993 in den USA durchgeführte Studie zur Somatisierungsstörung (Pribor et al. in v. d. Kolk, S. 182) zeigte, dass über 90 % der Frauen, die an psychosomatischen Symptomen litten, in irgendeiner Form als Kinder oder Jugendliche missbraucht worden waren, 80 % davon durch sexuelle Gewalt. Ohne schwere Traumata scheint sich daher nur sehr selten eine Somatisierungsstörung auszubilden.

Im ICD 10 sind die Somatisierungsstörungen im Kapitel F 45.0 – 45.9 zusammengefasst, ohne Hinweis auf den wahrscheinlichen traumatischen Hintergrund. Es wird ausschließlich die Charakteristik der körperlichen Symptome beschrieben, die wechseln und sich auf jeden Körperteil beziehen können. Die Betroffenen sind häufig depressiv und ängstlich. Frauen erkranken häufiger als Männer. Die

Störung beginnt meist im frühen Erwachsenenalter. Der ICD 10 führt im Einzelnen auf:

- „F 45.2 – Hypochondrische Störung – der Glaube, an einer oder mehreren schweren körperlichen Krankheiten zu leiden.
- F45.30 – kardiovaskuläres System – Herzrasen, Schmerzen in der Brust, Angst und Panik.
- F 45.31 – 45.32 oberer und unterer Gastrointestinaltrakt – Übelkeit, Erbrechen und Durchfall, ohne an einem Infekt zu leiden.
- F 45.33 – respiratorisches System – Hyperventilieren bei Angst- oder Panikattacke. Das Hyperventilationssyndrom ist völlig ungefährlich, wird aber als sehr erschreckend erlebt.
- F 45.4 anhaltende somatoforme Schmerzstörung – andauernder, schwerer, quälender Schmerz, der durch eine körperliche Störung nicht vollständig erklärt werden kann" (S. 186 - 191).

Eine besondere Rolle nehmen die chronischen Unterbauchschmerzen der Frauen ein. Viele Studien stellten fest, dass über 50 % der daran leidenden Frauen über sexuellen Missbrauch und/oder körperliche Misshandlung in der Kindheit berichten konnten (Lampe und Söllner in Egle, S. 248). Diese Symptomatik erlaubt den betroffenen Frauen, den Geschlechtsverkehr mit ihren Partnern abzulehnen und sich damit vor einer Erinnerung an ihr Trauma zu schützen.

Häufig ist die Familiensituation bei Menschen mit schweren Schmerzstörungen von Brüchen und Trennungen geprägt, Gewalt in Form von psychischen und körperlichen Misshandlungen war ständig präsent. Die Mutter ist als Beziehungsperson nicht verfügbar, sei es durch eine berufsmäßige Abwesenheit oder durch psychisch bedingte Faktoren. Dazu ein Fall aus meiner Praxis:

Die Eltern meiner Klientin ließen sich scheiden, als sie zwei Jahre alt war. Der Vater nutzte die Besuchszeiten, um das Kleinkind sexu-

ell zu missbrauchen. Der Mutter sind Episoden in Erinnerung, wonach sich das kleine Mädchen weigerte, den Vater zu besuchen. Es erbrach sich und versteckte sich unter dem Bett. Für die Klientin war besonders schlimm, dass die Mutter sie trotzdem zum Vater schickte. Beendet wurde das Martyrium erst, als der zweite Ehemann der Mutter das Jugendamt vom heftigen Abwehrverhalten des Mädchens unterrichtete und der Kontakt daraufhin abgebrochen wurde.

Diese zweite Ehe der Mutter wurde ebenfalls geschieden. Der dritte Ehemann brachte einen eigenen Sohn mit in die Familie. Der gleichaltrige Junge tyrannisierte die inzwischen Achtjährige und misshandelte sie, indem er sie zum Beispiel mit dem Kopf gegen die Wand schlug, wenn sie nicht tat, was er von ihr wollte. Außerdem erinnerte sie sich an eine Situation, wo er versuchte, sie unter Decken zu ersticken. Er wurde für seine Aggressionen nie zur Rechenschaft gezogen wurde. Im Gegenteil wurde dafür immer der Klientin die Schuld gegeben und sie wurde durch Prügel bestraft.

Mit 12 Jahren äußerte die Klientin den Wunsch, in einem Heim zu leben. Das Heim war leider äußerst schlecht geführt. Die Betreuer taten nichts, um die Mädchen vor den nächtlichen Übergriffen der Jungen zu schützen. Die Klientin flüchtete aus dem Heim, wurde auf einem Bahnhof aufgegriffen und in die geschlossene Abteilung der Psychiatrie eingeliefert, wo sie einige Wochen verbrachte.

Trotz des Stiefbruders zog die Klientin es danach vor, in die Familie zurückzukehren. Sie war inzwischen vollkommen angepasst und sehr bemüht, möglichst keine Aufmerksamkeit auf sich zu ziehen. Als sie mit 17 Jahren die erste längere Beziehung zu einem, wie sie selbst sagte, väterlichen älteren Freund aufnahm, begann sie plötzlich unter schwersten Kopfschmerzen zu leiden, die durch Therapie nicht zu beeinflussen waren. Obwohl der Freund liebevoll war und sie die Beziehung als harmonisch bezeichnete, genügte der Zusammenhang – väterlicher Mann mit Sexualität –, um das verdrängte Trauma anzutriggern.

Auch heute noch fühlt sich die Klientin nie wirklich sicher und lebt in einem Zustand ständiger Spannung. Besonders schlimm für sie war, dass sie von Ärzten entweder als Simulantin hingestellt oder aber ihr unterstellt wurde, sie wolle nicht gesund werden.

Angststörungen
Eine Angst- oder Panikstörung wird im ICD 10 im Kapitel F41 folgendermaßen beschrieben:

„Das wesentliche Kennzeichen sind wiederkehrende schwere Angstattacken (Panik). Die einzelnen Anfälle dauern meistens nur Minuten, manchmal auch länger. Kommt dies in einer besonderen Situation vor, so wird der Patient möglicherweise in Zukunft diese Situation meiden. Einer Panikattacke folgt meist die ständige Furcht vor einer erneuten Attacke" (S. 160).

Häufig ist die Angst von körperlichen Symptomen begleitet wie Herzklopfen oder Herzrasen, Atemnot, Schwindel, Benommenheit, Schwitzen und Brustschmerzen sowie Druck- oder Engegefühl in der Brust. Die verschiedensten Studien zeigen, dass den Angststörungen und den Phobien der Erwachsenen häufig traumatische Erlebnisse in der Kindheit vorausgegangen sind. Zwischen 60 % und 70 % aller untersuchten Klienten hatten entweder Misshandlungs- oder Missbrauchserlebnisse (Arnold und Joraschky in Egle, S. 187). Doch auch traumatische Unterbrechungen der Mutter-Kind-Bindung können dafür verantwortlich sein, besonders dann, wenn die Trennung in den ersten 30 Lebensmonaten des Kindes erfolgte.

Angststörungen können bei sensiblen Kindern auch durch ein angstbetontes Elternhaus ausgelöst werden, in dem ihnen vermittelt wird, die Umwelt sei feindlich und nur ihr Zuhause sicher. Dieses Verhalten finden wir häufig bei Menschen, die selbst traumatisiert sind, weil sie ihre Heimat und ihren Besitz durch Katastrophen oder Kriege verloren haben.

Ich selbst (1956) kann mich an die großen Ängste meiner Kinderzeit erinnern, die durch Nachrichten und politische Gespräche meiner Eltern ausgelöst wurden. Da ich nur elf Jahre nach dem Zweiten Weltkrieg geboren wurde, versetzte der Bau der Berliner Mauer 1961 meine Eltern in Angst und Schrecken. Die Kubakrise 1962, die Furcht vor einer chinesischen Atombombe, 1964 der Vietnamkrieg und 1967 der Sechstagekrieg, den Israel gegen seine arabischen Nachbarn führte, waren die Schreckgespenster meiner Kindheit.

Als ich viele Jahre später meinem Vater erzählte, wie sehr mich diese politischen Hiobsbotschaften belastet hatten, war er sehr betroffen und meinte, er hätte nicht gedacht, dass ich damals schon so viel „mitgekriegt" habe. Seit dem 11. September 2001 (Schechter in Brisch/Hellbrügge, S. 235-255) ist wissenschaftlich einwandfrei erwiesen, dass schon sehr junge Kinder sowohl die traumatischen Tatsachen wie auch die Ängste ihrer Eltern sehr wohl wahrnehmen und darauf reagieren. Dazu ein Beispiel aus der Praxis:

Eine Frau suchte mich wegen Panikattacken auf, die sich immer dann ereigneten, wenn sie allein auf sich gestellt war. Die Angst vor der Panik hinderte sie daran, sich so aktiv am Leben zu beteiligen, wie es eigentlich ihrer Natur entsprach. Sie berichtete, dass sie unmittelbar nach der Geburt zu einer Operation ins Krankenhaus musste. Vier Wochen lang hätten sie die Eltern nicht besuchen dürfen. Sie habe danach als Kind und als Jugendliche auch kurze Trennungen von den Eltern nicht verkraftet und auch nie bei einer Freundin übernachtet. Das Familienklima beschrieb sie als äußerst fürsorglich und liebevoll. Die Eltern hätten immer Rücksicht auf ihre Ängste genommen.

Die Familiengeschichte zeigte eine Traumatisierung beider Eltern, die als Kinder mit ihren Müttern vor den Russen aus Schlesien fliehen mussten. Die Angst der Tochter entsprach den verdrängten Äng-

sten der Eltern, die, ohne es zu wissen, das Kind darin bestärkten, die Umwelt als gefährlich und feindlich wahrzunehmen. In der Pubertät, der Zeit, in der sich Kinder normalerweise von den Eltern lösen, entwickelte die Klientin ein allergisches Asthma, wodurch sie „gezwungen" war, die meiste Zeit zu Hause zu verbringen. Die Panikattacken traten auf, als sie sich entschlossen hatte, ihre Eltern für den Mann, den sie heiraten wollte, dauerhaft zu verlassen.

Das Zurückführen der Paniksymptome auf die Traumatisierung in der Kindheit und die Verstärkung des ängstlichen Verhaltens durch ihr Elternhaus beruhigten und entlasteten die Klientin. In Imaginationen nahm sie Kontakt mit abgespaltenen Anteilen auf, erkannte, dass sie die Regisseurin ihrer inneren Filme war und durchaus Einfluss auf die Handlungsweise der daran beteiligten Figuren hatte. Sie gewann die Kontrolle zurück und integrierte nicht bewusst gewordene Gefühle in ihre Persönlichkeit. Die Panik trat nicht wieder auf.

Auch phobische Ängste können mit einem traumatischen Erlebnis in der Kindheit zu tun haben:

Eine Klientin sprach von ihrer Angst, durch Tunnel zu gehen oder zu fahren, was sie, da sie in einer Großstadt lebte, in ihrer Mobilität enorm einschränkte. Als ich genauer nachfragte, präzisierte sie, dass sie nicht der Tunnel, sondern die oft an der Tunneldecke verlegten Röhren in Panik versetzten. Diese Röhren erinnerten sie an Schlangen, von denen sie sich bedroht fühlte. Im Laufe der Therapie erwähnte sie den Geruch der Schlangen und fügte quasi in einem Nebensatz hinzu, dass es doch merkwürdig sei, dass männliche Geschlechtsteile genauso röchen. Allmählich tauchten Erinnerungen an einen häufigen oralen Missbrauch durch den Vater auf. Als sie sich mit dem eigentlichen Trauma auseinandersetzte, verlor sie die Angst vor Tunneln.

Depression

Eine Depression ist eine lebensgefährliche Erkrankung, da die meisten Betroffenen über Selbstmord nachdenken. Diese Gefahr ist tatsächlich gegeben: Circa 15 Prozent der Patienten mit schweren depressiven Erkrankungen versterben durch Suizid (Angst et al. 1999). Schätzungsweise die Hälfte der depressiv Erkrankten begehen im Laufe ihres Lebens einen Suizidversuch. Der Selbstmord bei Depression ist die dritthäufigste Todesursache junger Menschen.

Die Symptomatik ist sehr schwer. Der Betroffene fühlt nur seine Angst. Er verliert das Interesse an seiner Umwelt und klagt über Freudlosigkeit. Sein Selbstwertgefühl ist am Boden, Selbstvertrauen existiert nicht mehr und von der Zukunft ist nichts Gutes zu erwarten. Alles wird ihm zuviel, so dass ihm selbst Aufgaben, die er früher mit Leichtigkeit verrichtete, schwer fallen. Schon nach kleinen Anstrengungen tritt deutliche Müdigkeit auf. Dazu kommt erschwerend, dass er sich schlecht konzentrieren kann. Der Schlaf ist gestört. Der Depressive wacht meist früh auf und wird dann von seinen Gedanken gequält. Bei Kindern und Jugendlichen äußern sich Depressionen eher untypisch. Hier können motorische Unruhe und Reizbarkeit im Vordergrund stehen.

Die Ursache von Depressionen sind nicht immer traumatisch, doch ein Trauma steigert das Risiko, depressiv zu werden. Dies wurde erstmals in den 60er Jahren an den Symptomen von Überlebenden der Konzentrationslager festgestellt. Neuere Studien in Neuseeland fanden heraus, dass Frauen nach einem sexuellen Missbrauch in der Kindheit um 30 bis 40 % häufiger an Depressionen litten als nicht traumatisierte (Mullen 1988, 1993 in Egle, S. 195). Je schwerer der sexuelle Missbrauch, je häufiger er stattfand und je länger er dauerte, desto größer war die Wahrscheinlichkeit, im Erwachsenenalter eine Depression zu entwickeln. Bei Männern fand sich hingegen kein Zusammenhang.

Frühe Verluste eines Elternteils führen dann zu einer erhöhten Wahrscheinlichkeit, an einer Depression zu erkranken, wenn der zurückbleibende Erwachsene schlecht mit der Situation zurechtkommt. Eine britische Studie (National Child Development Study in Egle, S. 199) nannte chronische finanzielle Probleme, familiäre Disharmonie, Scheidung und längere Trennung von den Eltern vor dem siebten Lebensjahr als entscheidende Risikofaktoren. Eine amerikanische Studie (Kessler 1997 in Egle, S. 200) wies darauf hin, dass die Häufung von Risikofaktoren entscheidend sei.

Es wäre falsch, bei jedem depressiv Erkrankten ein Trauma zu vermuten. Häufig treten Depressionen in Folge von Überlastung auf, sei es im Beruf oder durch die Aufgabe, ein krankes oder forderndes Kind zu betreuen oder Angehörige zu pflegen. In schweren Fällen sollte man zu Medikamenten, zu Antidepressiva raten. Durch den psychischen Stress, den eine Depression verursacht, gerät der Hormonstoffwechsel völlig durcheinander. Dieses Ungleichgewicht im Körper verursacht wiederum Symptome. Nach unserer wiederholten Erfahrung kann der Klient die therapeutischen Interventionen überhaupt erst dann für sich verwerten, wenn mit Hilfe eines Antidepressivums der Stoffwechsel wieder in geregelten Bahnen läuft. Bis das Mittel wirkt, was ungefähr drei Wochen dauert, dienen die therapeutischen Gespräche vor allem der Unterstützung und Begleitung des Erkrankten.

Zwangserkrankungen
Zwangserkrankungen werden im ICD 10 unter F42 folgendermaßen charakterisiert:

„Wesentliches Kennzeichen dieser Störung sind wiederkehrende Zwangsgedanken und Zwangshandlungen. Zwangsgedanken sind Ideen, Vorstellungen oder Impulse, die den Patienten immer wieder stereotyp beschäftigen. Sie sind fast immer quälend..., weil sie einfach als sinnlos erlebt werden; erfolglos versucht die betroffene Person, Widerstand zu leisten" (S. 164).

Meist drehen sich die Zwänge um folgende Themen: Schmutz, bakteriellen Befall, Sauberkeit, Aggression und Kontrolle, zuweilen auch um religiöse oder sexuelle Themen. Zwangshandlungen und Zwangsgedanken treten häufig gemeinsam auf. Die Störung kann von Somatisierungsstörungen, Ängsten und Phobien begleitet sein, so dass ein Zusammenhang mit einer Traumatisierung nicht von der Hand zu weisen ist. Leider habe ich keine Studie gefunden, die ich zu diesem Thema zitieren könnte. So haben wir unsere eigenen Fälle ausgewertet und sind zu folgender Hypothese gekommen:

Zwänge können entstehen, wenn ein Kind durch die Kombination von massiver Abwertung und totaler Kontrolle traumatisiert wird. Die Kontrolle geht in diesen Fällen so weit, dass Mutter und/oder Vater lückenlos zu bestimmen versuchen, wie und was das Kind denken, fühlen und tun muss. Das beginnt bei der Ernährung. Einer unserer Klienten erzählte, dass seine Mutter ihm suggerierte ihm, wenn er Schokolade essen wollte, suggerierte: „Du magst viel lieber Kuchen, und den gebe ich dir jetzt, weil ich dich so lieb habe." Die Eltern geben dem Kind zu verstehen, dass es immer falsch fühlt und offensichtlich nicht in der Lage ist, seinen Interessen gemäß zu handeln. Außerdem sei es unfähig, Entscheidungen zu treffen. Deshalb sähen sie sich aus Liebe zu ihm genötigt, sein Leben zu regeln. Jeder Versuch des Kindes, sich gegen die Kontrolle aufzulehnen, wird hart bestraft. Einige meiner Klientinnen wurden verprügelt, andere zu Hause eingesperrt.

Wie alle Traumatisierten versuchen sich die Betroffenen, durch verstärkte Kontrolle zu helfen. Da das Trauma jedoch durch Kontrolle entstanden ist, wird das Hilfsmittel zum Trigger! Versucht sich der Betroffene also durch ein Kontrollritual zu schützen, wird er durch das Ritual sofort angetriggert und gerät in große Angst, die er durch verstärkte Kontrolle zu bewältigen versucht, was ihn wiederum antriggert und in Angst stürzt. Es entsteht ein Teufelskreis, die Kontrollrituale werden immer ausgeprägter, die Angst dadurch immer größer, so dass die Betroffenen kaum noch Zeit für ihr Alltagsleben haben. Suizidgedanken sind nicht selten. Dazu ein Fall aus unserer Praxis:

Eine 30 jährige Frau litt unter dem Zwang, jedes Kleidungsstück, das sie außerhalb ihrer Wohnung getragen hatte, nach dem Abbürsten unverzüglich in die Waschmaschine stecken zu müssen. In der Wohnung kontrollierte sie jedes abgefallene Haar, indem sie den Boden mit Plastikfolie auslegte, welche sie nach einigen Tagen in den Müll warf. Fenster versetzten sie in panische Angst, weil sie sich von den Nachbarn kontrolliert fühlte. Am liebsten hielt sie sich im fensterlosen Badezimmer oder in Räumen mit heruntergelassenen Rolladen auf.

In ihrer Kindheit war die Frau von ihrer Mutter pausenlos kontrolliert und abgewertet worden. Die Mutter bestimmte, womit sich das Kind beschäftigte, was es anzog, wie es sprach und mit wem es spielte. Widersetzte sich das Mädchen, schlug die Mutter auch in der Öffentlichkeit zu und zwar so hart, dass fremde Menschen eingriffen, um das Kind zu schützen. Noch heute kontrollierte die Mutter den Dienstplan und das Bankkonto ihrer erwachsenen Tochter. Sie hatte ihr die Wohnung ausgesucht, in der es nur große Fenster ohne Rollläden gab, so dass sich die Klientin dort überhaupt nicht wohl fühlte.

Die Tyrannei, die das Kind durch die Kontrolle der Mutter erlebt hatte, inszenierte sie in ihrem Erwachsenenleben durch ihre Zwänge. Sie erhielt sich eine Illusion von eigener Kontrolle, indem sie mit Hilfe von Kleiderbürste, Waschmaschine und Plastikfolie die gefürchteten Fusseln und Haare beherrschte. Diese Kontrollrituale ängstigten sie indes so sehr, dass sie ernsthaft überlegte, sich umzubringen. Aus diesem Grund empfahl ich ihr dringend, Hilfe in einer Klinik zu suchen.

Das Borderline-Syndrom
„*Borderline*" ist heute eine Art Modediagnose. Viele, die nur ein Merkmal dieser Störung beklagen, werden mit dieser Diagnose belastet, die als schwer therapierbar gilt. Die Borderline-Persönlichkeitsstörung wurde erstmals 1980 in das diagnostische und statistische Manual Psychischer Störungen der American Psychiatric Association (DSM III) aufgenommen.

Das Wort „*Borderline*" bedeutet „auf der Grenze". Der daran leidende Mensch befindet sich an der Grenze zwischen einer Psychose und dem als normal empfundenen Seelenzustand. In breit angelegten Studien wurden neun Kriterien erarbeitet, um diese Störung zu kennzeichnen. Mindestens fünf müssen gegeben sein, um die Diagnose zu rechtfertigen:

1. *„Verzweifeltes Bemühen, tatsächliches oder vermutetes Verlassenwerden zu vermeiden.*
2. *Ein Muster instabiler, aber intensiver zwischenmenschlicher Beziehungen, das durch einen Wechsel zwischen den Extremen der Idealisierung und Entwertung gekennzeichnet ist.*
3. *Identitätsstörung: ausgeprägte und andauernde Instabilität des Selbstbildes oder der Selbstwahrnehmung.*
4. *Impulsivität in mindestens zwei potentiell selbstschädigenden Bereichen (Geldausgeben, Sexualität, Substanzmissbrauch, rücksichtsloses Fahren, Fressanfälle).*
5. *Wiederholte suizidale Handlungen, Selbstmordandeutungen oder -drohungen oder Selbstverletzungsverhalten.*
6. *Affektive Instabilität infolge einer ausgeprägten Reaktivität der Stimmung (z.B. hochgradige episodische Dysphorie, Reizbarkeit oder Angst, wobei diese Verstimmungen gewöhnlich einige Stunden und nur selten mehr als einige Tage andauern).*
7. *Chronische Gefühle von Leere.*
8. *Unangemessene, heftige Wut oder Schwierigkeiten, die Wut zu*

kontrollieren (z.B. heftige Wutausbrüche, andauernde Wut, wiederholte körperliche Auseinandersetzungen).
9. *Vorübergehende, durch Belastungen ausgelöste paranoide Vorstellungen oder schwere dissoziative Symptome"* (DSM IV, 1994, S. 739).

Der Psychoanalytiker und Borderline-Forscher Kernberg war davon ausgegangen, dass diese Symptomatik Ausdruck einer neurotischen, narzisstischen Persönlichkeitsstruktur sei. Die Berichte seiner Patientinnen von sexueller Gewalt hielt Kernberg für reine Phantasien. Er zog die Möglichkeit eines tatsächlichen sexuellen Missbrauchs durch den Vater nicht in Erwägung (Borderline-Störungen und pathologischer Narzißmus, 2009). Heute wissen wir sicher, dass sich eine Borderline-Störung *nur* auf Grund schwerer und anhaltender Traumata in der Kindheit entwickeln kann.

Im Lehrbuch steht dazu: *„Schwer gestörte Familienverhältnisse mit häufigem Inzest oder anderer Form sexuellen Missbrauchs spielen bei der Entwicklung einer Borderline-Persönlichkeitsstörung eine entscheidende Rolle"* (Gast in Egle, S. 286). Die am häufigsten genannten traumatischen Erlebnisse sind:

- chronischer Stress
- frühe Trennungs- und Verlusterlebnisse
- Erziehungsversagen der Eltern
- schwere psychische Erkrankungen der Eltern
- psychische und/oder körperliche Misshandlung (bei 75 % der Untersuchten)
- sexueller Missbrauch (bei ca. 80 % der Untersuchten)
- Gewalt in der Familie

Oft findet man in der Anamnese eine Kombination von traumatischen Erlebnissen bei fast völligem Fehlen ausgleichender Faktoren. Deshalb wird diskutiert, die Borderline-Störung als *„Komplexe Posttraumatische Belastungsstörung"* (Herman 1992) zu begreifen.

Der therapeutische Prozess mit Borderline-Patienten ist nicht immer leicht. Die Betroffenen inszenieren ihre Kindheitstrauma und teilen dem Therapeuten häufig zwei Rollen zu: Er soll als idealisierter Elternersatz die Erlösung bringen und trägt gleichzeitig in dieser Rolle die Schuld am Elend. Da niemand diesen Doublebind erfüllen kann, sieht man sich in einem Wechselbad von Überidealisierung und heftiger Abwertung. Wehe dem Therapeuten, der sich aufs Glatteis führen lässt und glaubt, er sei dazu berufen, diesen Klienten zu retten! Er wird sich in kürzester Zeit mit seinem Versagen auseinandersetzen müssen. Wir erinnern uns: Retten kann sich jeder nur selbst!

Neben ihrem Opfersein präsentieren die Betroffenen, sozusagen als Ausgleich für das schwache oder nichtexistente Selbstwertgefühl, das Bild eines grandiosen Selbst. Das überhöhte Ich muss beweisen, dass es anderen überlegen ist und Kontrolle ausübt. Dieses Ziel wird auch durch aggressives Verhalten verfolgt. Doch kann das grandiose Selbst meist nicht lange durchgehalten werden: Die Betroffenen fallen nach kurzer Zeit in eine eher depressive Grundstimmung zurück.

Klienten mit komplexer posttraumatischer Belastungsstörung sollte man als Berater oder Therapeut erst dann annehmen, wenn man gelernt hat, alle emotionalen Angebote als Inszenierung des familiären Missbrauchs zu verstehen. Da diese Menschen schwer traumatisiert sind, sind sie nur bei einem erfahrenen Therapeutenteam gut aufgehoben. Ein Fall aus eigener Praxis:

Eine junge Frau berichtete mir von einer wahren Horrorkindheit: Der Vater war unbekannt, die Mutter war als Trinkerin umhergezogen und hatte sich überhaupt nicht um ihr sechs Monate altes Kind gekümmert. Das von Nachbarn alarmierte Jugendamt brachte das völlig vernachlässigte kleine Mädchen in einem Heim unter. Sechs Jahre später kam das Kind zu seiner Großmutter, von der es täglich Schläge und massive Abwertungen zu erdulden hatte. Ständig musste es dafür sorgen, weder mit seinem Onkel noch mit dem Großva-

ter allein zu sein, da beide es sexuell missbrauchten. Das Mädchen entzog sich diesem Missbrauch, indem es schon mit acht Jahren tage- und nächtelang auf der Straße zubrachte.

Obwohl weder Mutter noch Großmutter sie vor den Übergriffen schützten, meinte die Klientin, sie trage ihnen nichts nach. Sie hasste sich und vor allem ihren Körper. Obwohl mir eine hübsche, schlanke Frau gegenüber saß, beschrieb sie sich als fett und häßlich. Sie litt an schwersten Depressionen, nahm regelmäßig Drogen und hatte Panik-attacken. Andererseits hatte sie immer wieder Episoden, in denen sie sich als ganz besonderer Mensch fühlte, glaubte, eine Auserwählte zu sein und über tiefe Einsichten und Wahrheiten zu verfügen. Deshalb fühlte sie sich im Recht, ihren Mitmenschen alles an den Kopf zu knallen, was sie für wahr hielt. Kein Arbeitgeber hatte sie lange beschäftigen können, weil sie es binnen kurzer Zeit schaffte, alle gegen sich aufzubringen. Sie manipulierte gnadenlos und reagierte auch bei mir mit wilden Wutausbrüchen und Weglaufen, wenn ich nicht genauestens auf ihre Vorgaben einging. Ich wurde in Sekunden zur Feindin, die sie erbittert bekämpfte. Gleichzeitig war sie nicht bereit, die nötigen Medikamente einzunehmen. Da sie sich außerdem weigerte, auf Drogen zu verzichten, sah ich keine Chance für einen guten Verlauf einer ambulanten Therapie und verwies sie an eine geeignete Klinik.

Zwischenzeitlich kann ich auch auf gelungene therapeutische Prozesse verweisen. Therapie gelingt dann, wenn die Betroffenen einsehen, dass sie an den Folgen ihrer traumatischen Kindheit leiden, die Wirkung ihres Verhaltens auf andere reflektieren und bereit sind, an sich zu arbeiten. Dann ändert sich das Leben der Patienten in der von ihnen gewünschten Weise.

Die Posttraumatische Belastungsstörung (PTBS)
Die PTBS wird im ICD 10 unter den „Reaktionen auf schwere Belastungen und Anpassungsstörungen F 43 – 43.9" aufgeführt. Die Diagnose trifft dann zu, wenn es einen eindeutigen Grund gibt, durch den die Störung ausgelöst wurde:

„Ein außergewöhnlich belastendes Lebensereignis, das eine akute Belastungsreaktion hervorruft, oder eine besondere Veränderung im Leben, die zu einer anhaltend unangenehmen Situation geführt hat und schließlich eine Anpassungsstörung hervorruft" (S. 167).

Der ICD 10 unterscheidet die akute von der posttraumatischen Reaktion. Die akute Reaktion (F43.1) tritt nach außergewöhnlichen körperlichen und/oder seelischen Belastungen auf, z. B. nach Naturkatastrophen, Unfällen, Krieg, Gewaltverbrechen, einem Wohnungsbrand, aber auch dem plötzlichen Tod eines geliebten Menschen. Ausdrücklich erwähnt wird hier auch der plötzliche, nicht vorhersehbare Verlust der sozialen Stellung, der durch eine Kündigung der Arbeitsstelle hervorgerufen werden kann. Akute Krisen werden im allgemeinen von Therapeuten angemessen begleitet, wobei es auch hier wichtig ist, die traumatische Komponente des Geschehens zu berücksichtigen, um eine Chronifizierung der Symptome zu vermeiden. Insbesondere ist es wichtig, die möglicherweise abgespaltenen Gefühle aufzuspüren und erlebbar zu machen.

Wird dies versäumt oder wurde das Kindheitstrauma verdrängt, kommt es zu einer verzögerten emotionalen Reaktion. Die Betroffenen fühlen sich betäubt und stumpf. Sie lassen sich nicht wirklich auf ein soziales Leben ein, meiden andere Menschen und verzichten auf Aktivitäten. Nachts werden sie von Albträumen geplagt, in denen sie die traumatische Situation immer wieder erleben. Diese Erinnerungen können sich auch tagsüber plötzlich aufdrängen. Die Betroffenen sind sehr erregt, häufig ängstlich oder depressiv und Suizidgedanken sind nicht selten. Im ICD 10 wird die Störung auf einen Zeitraum von etwa 6 Monaten begrenzt (S. 169 f).

Gleiches gilt für die unter F 43.2 beschriebene Anpassungsstörung, in der es auch um die nicht geglückte Verarbeitung eines belastenden Ereignisses geht. Übersehen wird hier nach unserer Erfahrung, dass es viele Monate und Jahre später Trigger geben kann, die alle Symptome der posttraumatischen Belastungsstörung wieder hervorrufen. Dazu ein Fall aus der Praxis:

Eine Klientin kam wegen unerklärlicher Angstattacken, großer Unruhe, Schlafstörungen, belastenden Albträumen und Suizidphantasien. Ihre Kindheit beschrieb sie als ausgesprochen harmonisch; sie war das von allen geliebte Nesthäkchen.

Vor einem Jahr war sie mit Verdacht auf Krebs in eine Klinik eingeliefert worden. Als sich herausstellte, dass der Tumor nur eine entzündete Zyste gewesen war, beschloss sie erleichtert, den Schrecken und die Todesangst einfach zu vergessen.

Ungefähr ein Jahr später besuchte sie eine Freundin im Krankenhaus und erlebte kurz darauf ihre erste Panikattacke, die sie aber nicht zuordnen konnte. Die Angstanfälle wiederholten sich, dazu kamen Unruhe, Schlaflosigkeit, Albträume und Suizidphantasien. Wir konnten den Beginn der Symptome auf das Triggererlebnis zurückführen. Die Klientin beruhigte sich zusehends, als ihr klar wurde, dass sie nicht verrückt war, sondern an einer Posttraumatischen Belastungsstörung litt. Es gelang ihr in wenigen Wochen, die durch die Krebsdiagnose ausgelöste Todesangst, die sie abgespalten hatte, aufzuarbeiten, wobei die Symptome vollkommen verschwanden. Es geht ihr heute gut.

Jugendliche, die an einer PTBS leiden, zeigen selten die Kriterien, die wir aus dem ICD 10 kennen. Sie wechseln die Symptomatik viel schneller und zeigen ihre hohe Erregung deutlicher als Erwachsene.

Die Symptome sind dem Alter angepasst. So reagieren kleine Kinder mit Übererregung oder Schreien, ältere Kinder häufig mit aggressiven Ausbrüchen.

Kinder neigen im allgemeinen eher dazu, das traumatische Erlebnis abzuspalten. Häufig schieben sich Ängste oder psychosomatische Störungen so sehr in den Vordergrund, dass der eigentliche traumatische Auslöser lange verdeckt bleibt. Die Übererregung, die Kinder mit einer PTBS zeigen, wird häufig als hyperkinetisches Syndrom oder Aufmerksamkeitsstörung missverstanden und behandelt.

Wenn uns ein solches Kind auffällt, sollten wir sein Umfeld sehr genau prüfen. Vielleicht können wir ihm eine durch eine Fehldiagnose ausgelöste falsche Behandlung und ein Fortbestehen seiner Symptome ersparen.

Trauma und Sucht

Oft sind Drogenentzugstherapien nicht so erfolgreich, wie es sich Betroffene und Therapeuten wünschen. Um die Ursachen dieser unbefriedigenden Situation zu ergründen, wurden viele wissenschaftliche Studien durchgeführt. Es stellte sich heraus, dass es einen signifikanten Zusammenhang zwischen einer späteren Suchterkrankung und einer vorausgehenden traumatischen Vorbelastung gab (Mellmann 1992; Kessler 1995; Bremner et al. 1996; Najavits 1999). Exemplarisch zitiere ich aus einer amerikanischen Studie:

Um den Zusammenhang zwischen Gewalterfahrungen, Trauma und der Posttraumatischen Belastungsstörungen bei weiblichen Drogensüchtigen zu untersuchen, wurden 105 Frauen einer Drogenklinik befragt. 104 Teilnehmerinnen der Studie berichteten von Traumaerlebnissen, die

sie aus einer vierzehnteiligen Liste auswählen konnten [u.a. traumatische Gewalterfahrungen, Vernachlässigung, Naturkatastrophen, Unfälle usw.]. 59 % der Befragten litten an Symptomen einer Posttraumatischen Belastungsstörung ...
Frauen, die einen Drogenentzug vornehmen, haben wahrscheinlich eine gewaltvolle traumatische Vorgeschichte und ein hohes Risiko, an PTBS zu leiden. Deshalb sollte eine Untersuchung auf PTBS bei Frauen mit Suchterkrankungen routinemäßig bei der Diagnostik durchgeführt werden (Fullilove, Mindy T & Fullilove, Robert E. & Smith, Michael Winkler, Karen & Michael, Calvin & Panzer, Paula & G. Wallace, Rodrick.1993. Übersetzung: C. Sautter).

Es zeigte sich nicht nur in dieser Studie, dass mehr als die Hälfte der Suchtkranken in ihrer Kindheit traumatisiert wurden (Brown 1994; Giakonia et al. 1995; Schäfer et al. 2000; Langeland 2003; Driessen 2008. in Lüdecke, Sachse, Faure 2010). Außerdem erwies sich, dass Kinder, die frühe Traumaerlebnisse zu verkraften hatten, früher süchtig wurden. Es wurde zudem deutlich, dass schwer traumatisierte Jugendliche härtere Drogen konsumieren (Brown u. Ouimette 2000, 2001; Driessen et al. 2008).

Warum greifen Traumatisierte zu Suchtmitteln? Der Zusammenhang ist offensichtlich: Alkohol entspannt, was jeder weiß, der sich ein „Feierabendbier" gönnt oder sich nach einem harten Arbeitstag mit einem Gläschen Wein „belohnt". Raucher greifen in stressigen Situationen vermehrt zur Zigarette.

Steigen Belastung, Stress und Druck, gibt es Medikamente, die für Entspannung und Schlaf sorgen. Der große Nachteil dieser rasch wirksamen Substanz ist jedoch, dass sich der Körper an die Dosis gewöhnt und immer mehr braucht, damit dieselbe Wirkung entsteht. Aus diesem Grund machen diese Medikamente süchtig. Da es für Betroffene immer noch wesentlich leichter ist, sucherzeugende Medikamente über die Krankenkasse zu beziehen als eine Psychotherapie, entstehen diese Suchterkrankungen sozusagen „legal" und auf Kosten der Beitragszahler.

Wenn sich ein großer Prozentsatz der Bevölkerung tagtäglich durch legale Drogen entspannt, sollte es uns nicht wundern, dass unsere traumatisierten Mitbürger genauso handeln. Uns fiel in unserer Praxis schon vor vielen Jahren auf, dass die Väter und Großväter unserer Klienten, die an Alkoholismus litten, sehr häufig im Zweiten Weltkrieg gekämpft hatten und danach in Gefangenschaft geraten waren, wobei die russischen Lager am schlimmsten beschrieben wurden.

Kinder und Jugendliche, die in Familien mit destruktivem Verhalten aufwachsen, leiden nicht nur unter Ängsten, Depressionen und heftigen Triggerreaktionen, durch die sie unter ihren Altersgenossen zu Außenseitern werden. Viele beklagen vor allem die hohe Anspannung: „Es ist so, als habe ich einen Betonmischer im Bauch", beschrieb ein Klient dieses Gefühl. Kinder und Jugendliche, die in traumatisierenden Familiensystemen aufwachsen, reagieren aufgrund ihrer Prägung bei Belastung häufig mit Übererregung. Der englische Fachbegriff für die traumabedingte Übererregung lautet „*Hyperarousal*".

Da die Pubertät und die damit verbundenen körperlichen und seelischen Veränderungen bei allen Jugendlichen Stress auslösen, werden die jungen Traumaopfer meist in dieser Zeit auffällig. Häufig fühlen sie sich mit psychisch stabilen Altersgenossen nicht wohl; zu unterschiedlich ist das Erleben. Also suchen sie die Gesellschaft derer, die ebenfalls „nicht richtig dazugehören". Der Konsum von Alkohol und Drogen gehört in diesen Gruppen häufig zum akzeptierten Verhalten.

Nach dem ersten Konsum von Alkohol stellen die Jugendlichen fest, dass die Anspannung spürbar abnimmt. Weil sie entspannter sind, werden sie nicht mehr so leicht getriggert. Handlungen, die aus Angst vermieden wurden, werden plötzlich möglich. Viele meiner durch sexuelle Gewalt traumatisierten Klientinnen berichten, dass sie nur unter dem Einfluss von Alkohol überhaupt in der Lage sind, mit ihren Partnern zu schlafen. Eine Klientin mit Borderline-Syndrom vertraute mir an, dass sie täglich einen Joint brauche, um ihr Leben überhaupt meistern zu können. Die „*Selbstmedikation*" als Ursache für den Einstieg in die Sucht ist durch viele Studien belegt (McFall 1992; Stewart et al. 1999, Brenner et al. 1996). Und zu dieser Form der Selbstmedikation neigen, wie gesagt, nicht nur traumatisierte Jugendliche. Jeder Schnaps, den wir „auf diesen Schreck" trinken, dient demselben Zweck: Spannungen zu lösen, damit wir uns besser fühlen.

Besonders interessant sind hier die neurobiologischen Zusammenhänge: Dass Bindung zu den Grundbedürfnissen des Menschen gehört, ist auch wissenschaftlich bewiesen (Grawe 2004). Jeder Mensch kennt die innige Verbindung zur Mutter durch die Zeit „im Bauch". Wenn die Mutter auch nach der Geburt feinfühlig auf die Bedürfnisse des Kindes eingeht und es tröstet, wenn es weint, schüttet der kindliche Organismus Endorphine – körpereigene Opioide – aus. Weil positive Bindungsmuster besonders gut abgespeichert werden, können sie später in angstauslösenden Situationen aufgerufen werden. So lernt ein gut versorgtes Kind, sich selbst zu beruhigen, indem sein Organismus Endorphine ausschüttet.

„*Opioide spielen somit in Bezug auf das Bindungssystem des Menschen eine große Rolle*", stellt Christel Lüdecke fest, Co-Autorin des empfehlenswerten Buches „*Sucht – Bindung – Trauma: Psychotherapie von Sucht und Traumafolgen im neurobiologischen Kontext*" (2010, S. 5).

Was geschieht, wenn diese Bindungserfahrungen fehlen? Wird ein Kind vernachlässigt oder glaubt die Mutter, es aus erzieherischen Gründen nicht trösten zu müssen, schüttet der Organismus des Babys Stresshormone aus. Das Muster, Endorphine auszuschütten, die die Panikreaktionen abschwächen könnten, wird nicht gelernt. Deshalb fehlt dem Kind dauerhaft die Fähigkeit, sich selbst zu beruhigen. Außerdem gewöhnt sich sein Organismus an ein hohes Stressniveau, verbunden mit den Gefühlen von ständiger Angst, Bedrohung und Einsamkeit.

Erhält ein so geschädigter Mensch die Möglichkeit, Opioide in Form von Schmerzmitteln oder Drogen zu sich zu nehmen, erfährt er eine ähnliche körperliche Entspannung wie das weinende Kind, das sich in Mutters Arme flüchten darf. Vernachlässigte Kinder können demgemäß unzuverlässige Bezugspersonen durch „zuverlässige" Opiate ersetzen. So dämpfen sie nicht nur ihre Traumasymptome, sondern stillen auch ihre Sehnsucht nach Beziehung: Suchtkranke brauchen keine Bezugspersonen; sie machen sich ihre Gefühle selbst.

Und damit beginnt ein Teufelskreis: Die Jugendlichen lernen, dass sie sich nach dem Konsum von Alkohol und Drogen besser fühlen, und neigen dazu, die Suchtmitteleinnahme zu wiederholen. Dabei werden vor allem die positiven Wirkungen erinnert, während die negativen ausgeblendet werden. Auch diesen Mechanismus kennen viele von uns, die nach einem „Kater" wieder Alkohol trinken.

Bei der Posttraumatischen Belastungsstörung ist es genau umgekehrt: Hier schieben sich die negativen Gefühle Angst, Anspannung und Depression in den Vordergrund. Christel Lüdecke fasst zusammen: *„Während wir bei der PTBS aversive Reize nicht vergessen können, bleiben uns bei Suchterkrankungen die positiven Stimuli im Gedächtnis"* (2010, S. 32).

Das hat beträchtliche Folgen für die Drogenentzugstherapie: Je weiter die Entgiftung fortschreitet, umso deutlicher werden die Traumasymptome. Die Sehn*sucht* nach den erleichternden Substanzen wächst bei den Betroffenen und damit steigt die Gefahr für den Rückfall (Lüdecke 2010. S. 24).

Dass in Suchtkliniken auch Traumatherapie angeboten wird, ist immer noch die Ausnahme. Immerhin setzt sich allmählich die Erkenntnis durch, dass die Kombination von Suchttherapie und Traumatherapie eine wesentlich bessere Erfolgsquote hat (Brown, 2000. Ouimette, 2000. Abueg & Fairbank 1991).

Die Kombination beider Therapien stellt hohe Anforderungen an die Kollegen, da sich beide Krankheitsbilder überlagern. Ist die innere Abwesenheit der Suchtkranken auf den Entzug oder auf eine Dissoziation zurückzuführen? Zeigen sich in den Albträumen „Horrortrips" oder sind es Erinnerungen an traumatische Erlebnisse? Auch der persönliche Umgang mit den Betroffenen erfordert Fingerspitzengefühl: Brauchen Suchtkranke klare Regeln und Grenzen, steht für Traumaopfer empathischer Umgang und Akzeptanz im Vordergrund.

Wichtig erscheint mir in diesem Zusammenhang, die Beurteilung von Süchtigen noch einmal zu überdenken. Schnell sind wir bereit, den moralischen „Stab" zu brechen und den Süchtigen die alleinige Schuld für ihr Verhalten zu geben. Ohne dieses Verhalten billigend in Kauf zu nehmen, sollten wir berücksichtigen, dass die meisten Suchtkranken traumatisierte Kinder sind, und diese Traumata haben in der Regel nicht sie selbst, sondern Erwachsene zu verantworten.

Psychotische Erkrankungen und Psychopharmaka

Dieses Kapitel soll Ihnen eine erste Orientierung in Hinblick auf psychotische Erkrankungen geben, da es wichtig ist, solche Krankheiten zu erkennen und den daran Leidenden möglichst rasch die entsprechende Hilfe zukommen zu lassen. Klienten im akuten Schub brauchen in jedem Falle psychiatrische Hilfe, wenn nicht gar die Unterstützung einer Klinik. Auch wenn in Psychiatrien nicht alles so läuft, wie es für Betreuer und Patienten optimal wäre, sind diese Krankenhäuser doch am besten dafür eingerichtet, Menschen mit akuten Psychosen aufzufangen. Wir sollten das schlechte Image, das die Psychiatrien seit der Nazizeit in Deutschland haben, nicht unkritisch übernehmen! Patienten werden heute nicht einfach nur ruhig gestellt und weggesperrt. Schon durch den hohen Tagessatz sind die Kliniken dazu angehalten, ihre Patienten so schnell wie möglich durch Psychotherapie und Medikamente so weit wieder herzustellen, dass sie sich im Alltagsleben zurechtfinden.

Es gibt einen grundsätzlichen Unterschied zwischen *Psychosen* und allen anderen psychischen Schwierigkeiten: Eine Psychose erkennt man daran, dass es nicht gelingt, eine gemeinsame Realitätsebene mit dem Erkrankten herzustellen. Entweder ist er überhaupt nicht ansprechbar oder es gelingt nicht, mit ihm auf der Ebene zu kommunizieren, auf der man sich selbst bewegt und die allgemein als real gilt.

Wir unterscheiden allgemein zwischen den *affektiven Störungen* (ICD 10, F3), bei denen die Affekte – die Gefühle – betroffen sind und den *wahnhaften Störungen*, darunter die Schizophrenie. Bei den affektiven Störungen unterscheiden wir zwischen Manie und Depression. Über Manie lesen wir im ICD 10 Kapitel F 30.1:

„Die Stimmung ist situationsinadäquat gehoben und kann zwischen sorgloser Heiterkeit und fast unkontrollierbarer Erregung schwanken. Die gehobene Stimmung ist mit vermehrtem Antrieb verbunden und führt zu Überaktivität, Rededrang und vermindertem Schlafbedürfnis. Übliche soziale Hemmungen gehen verloren. Die Selbsteinschätzung ist überhöht, Größenideen und maßloser Optimismus werden frei geäußert... Die betreffende Person kann überspannte und undurchführbare Projekte beginnen, leichtsinnig Geld ausgeben oder bei völlig unpassender Gelegenheit aggressiv, verliebt oder scherzhaft werden... Die Episode dauert wenigstens eine Woche und ist schwer genug, um die berufliche und soziale Funktionsfähigkeit mehr oder weniger vollständig zu unterbrechen" (S. 133-134).

Häufig schlägt die manische Phase nach wenigen Tagen oder Wochen in eine meist viel länger andauernde Depression um. Wenn sich dieser Zyklus zwei Mal wiederholt hat, spricht man laut ICD 10 Kapitel F 31 (S.135 ff.) von einer *bipolaren affektiven Störung*, das heißt, dass die Emotionen zwischen Euphorie und Depression schwanken. Die Betroffenen berichten nach dem manischen Schub übereinstimmend, dass sie in dieser Phase nicht wirklich glücklich waren. Sie befinden sich im Gegenteil unter einer ungeheuren Anspannung, die sie pausenlos zu Aktivitäten zwingt. Vielen ist die nachfolgende Depression lieber, weil die furchtbare Spannung dann endlich nachlässt.

Wenn Menschen etwas sehen, hören oder fühlen, das andere nicht wahrnehmen, sprechen wir von einem Wahn. Die meisten kennen Wahnideen bei alten Menschen, die zum Beispiel fest davon überzeugt sind, bestohlen zu werden oder zu verarmen. Dies hat mit einem durch das Alter veränderten Hirnstoffwechsel zu tun, der medizinisch *Altersdemenz* genannt wird. Angehörige und Altenpfleger kennen dieses Phänomen und wissen, dass es nicht oder nur sehr kurzzeitig gelingt, die Menschen aus ihrem Wahn zu lösen.

Als Praktikantin betreute ich im Krankenhaus eine alte Frau, die etwa zwanzig Mal am Tag ihr gesamtes Bett abzog, weil dieses ihrer Wahrnehmung nach von Hunden beschmutzt worden war. Sie ließ sich kurzfristig beruhigen, wenn ich mit ihr zusammen Zimmer und Bett absuchte und sie sich davon überzeugen konnte, dass die Hunde den Raum verlassen hatten. Spätestens eine halbe Stunde später sah sie die Hunde wieder und zog ihr Bett ab.

Wenn jüngere Menschen einen solchen Wahn entwickeln, sprechen wir von Psychose. Häufig besteht der Wahn in der festen Überzeugung, verfolgt zu werden.

Eine Klientin lebte in ihrer Kindheit zusammen mit ihrem Bruder und ihrer Mutter in einem kleinen Haus. Die Mutter war fest davon überzeugt, das ganze Haus sei verwanzt und sie werde abgehört. Sie beschuldigte die Nachbarn, sie zu beschatten, um sie zu entführen.

Aus diesem Grund verließ sie das Haus nicht mehr und die Rollläden vor den Fenstern waren immer geschlossen. Die Mutter hörte auf, sich und ihre Kleidung zu waschen und das Haus zu putzen; sie blieb die meiste Zeit im Bett. Die Kinder kochten, wuschen die Wäsche und versuchten, einigermaßen über die Runden zu kommen. Die Familie lebte vom Unterhalt, den der Vater der Kinder zum Glück regelmäßig zahlte.

Dieser Zustand fiel über mehrere Jahre niemandem auf, auch dem Vater nicht, der die Kinder nie besuchte. Als die Kinder ihre Berufsausbildung begannen, suchten sie für die Mutter eine kleinere Wohnung. Das Haus befand sich in einem so furchtbaren Zustand, dass es vom Gesundheitsamt nicht für eine erneute Vermietung freigegeben wurde. Erst in unserer Praxis erkannte die Frau, dass ihre Mutter psychisch krank war und wahrscheinlich an einem Verfolgungswahn, möglicherweise unter Schizophrenie litt.

Verarmungswahn kann sich auch darin äußern, dass Menschen nichts wegschmeißen können. Sie werden *„messies"* genannt (engl. a mess: Chaos). Es wird grundsätzlich alles gehortet, nichts darf weggeworfen werden, auch keine Essensreste, so dass mit der Zeit verfaulte und verschimmelte Lebensmittel die Wohnung mit ihrem Gestank erfüllen. Berge von Papier und Müll stapeln sich in den Zimmern, und es bleibt immer weniger Platz zum Leben. Ein Klient, der in einer solchen Familie aufgewachsen war, berichtete, er habe nie Freunde mit nach Hause nehmen können, weil es in der Wohnung unerträglich gestunken habe. Der Junge versuchte sein Möglichstes, konnte jedoch nur dann aufräumen, wenn die Mutter nicht zu Hause war, was selten genug geschah.

Wenn ganz bestimmte psychotische Symptome gemeinsam auftreten, sprechen wir von *Schizophrenie*. Es gibt verschiedene Formen dieser Erkrankung, die sich bei jedem individuell äußert. Doch gibt es eine Anzahl gemeinsamer Symptome, anhand derer eine Schizophrenie diagnostiziert wird. Zwei der wichtigsten Kennzeichen sind wohl das Hören von Stimmen und der Wahn, alles – auch den Wetterbericht – auf sich zu beziehen.

Eine Schizophrenie kann ganz unterschiedlich verlaufen. Es kommt durchaus vor, dass die Krankheit nach einem einzigen akuten Schub nie wieder auftritt. Häufig sind die Erkrankten zwischen den Schüben völlig symptomfrei. Es gibt aber auch heute noch Formen, die sich gegen jede Art von Behandlung resistent zeigen und chronisch werden.

Die Schizophrenie erzeugt unter nicht Erkrankten die meisten Ängste. Viele glauben, dass Schizophrene eher zu Gewalttaten neigen als andere. Obwohl es immer wieder spektakuläre Angriffe von psychisch Kranken wie etwa auf John Lennon, Wolfgang Schäuble, Oscar Lafontaine und Anna Lind gibt, geht nur ein verschwindend geringer Prozentsatz schwerer Gewaltverbrechen auf das Konto von Schizophrenen. Die meisten Gewaltverbrechen werden von Menschen begangen, die als Kinder in ihren Familien misshandelt und missbraucht wurden.

Besondere Aufmerksamkeit sollten wir den Kindern psychisch kranker Eltern widmen. Das Schlimmste für diese Kinder ist, dass sie sich nie auf ihre Eltern verlassen konnten, nie wussten, in welcher Stimmung sie sie antreffen würden, und häufig dazu gezwungen waren, den Wahn zu teilen. Wir kennen sowohl Klienten, die solch eine Belastung auf Grund ihrer Resilienz und guter stützender Faktoren unbeschadet überstanden haben, als auch Menschen, die alle Symptome einer schweren Traumatisierung zeigen. Deshalb können Geschwister völlig unterschiedlich auf psychotische Eltern reagieren.

Häufig wird die Frage gestellt, ob psychotische Erkrankungen, besonders aber Schizophrenie vererbbar seien. Die Genetik scheint durchaus eine Rolle zu spielen, doch wird immer wieder hervorgehoben, dass darüber hinaus die Empfindsamkeit des Kindes und das Familienklima (Doublebinds) ausschlaggebend seien. Wenn alle drei Faktoren zusammentreffen, scheint das Risiko erhöht zu sein, doch man kann keineswegs – wie zum Beispiel bei Windpocken – vorhersagen, dass die Krankheit dann in jedem Falle ausbrechen wird. Die Diskussion darüber ist auch in Expertenkreisen noch nicht abgeschlossen.

Abschließend ein Wort zu den Behandlungsmöglichkeiten. In bestimmten Kreisen haben Psychopharmaka einen schlechten Ruf, besonders dann, wenn sie Kindern zum Beispiel in Form von Ritalin verabreicht werden. Viele glauben, dass sie nur dazu dienten, die Patienten ruhig zu stellen, dass sie die Persönlichkeit veränderten und unerträgliche Nebenwirkungen hätten. Außerdem meinen viele, dass Psychopharmaka süchtig machen; einzig und allein Psychotherapie könne helfen. Das entgegengesetzte Lager sieht die Sachlage häufig genauso einseitig. Hier wird jeder psychische Prozess auf einen entgleisten Hirnstoffwechsel reduziert, den man mit Hilfe von Pillen wieder in den Griff bekommen kann.

Wirklich fortschrittliche Therapeuten halten sich beide Möglichkeiten offen. Da wir wissen, wie sehr psychischer Stress in den Hirnstoffwechsel eingreift und dass diese Entgleisung chronisch werden kann, versuchen wir, das Problem auf mehreren Ebenen gleichzeitig anzugehen. Bei der Entscheidung, welche physischen Substanzen oder Medikamente dazu beitragen können, spielt die Schwere der Erkrankung eine ausschlaggebende Rolle. Bei leichteren Angst- und Erregungszuständen und bei milden depressiven Verstimmungen mögen Naturheilmittel ausreichen. Doch sollte man sich selbst ein Zeitlimit setzen, innerhalb dessen es dem Klienten wirklich besser gehen muss. Wir kennen leider zu viele Beispiele von Patienten, die durch die sorglose Haltung ihrer Therapeuten viele Jahre arbeitsunfähig wurden – mit allen sozialen Konsequenzen.

Ein Klient, Manager einer größeren Firma, hatte zu viel gearbeitet und besuchte deswegen ein Fastenseminar. Es ging ihm dabei kon-

tinuierlich schlechter, die Therapeuten sprachen von einer „Fastenkrise" und rieten ihm, durchzuhalten. Sein Zustand verschlechterte sich weiterhin dramatisch, was die Therapeuten positiv als „Entgiftungsreaktion" bewerteten und keinen Handlungsbedarf sahen. Kurz bevor er sich umbringen konnte, kam der Klient in eine Klinik. Dort blieb er die nächsten sechs Monate. Seine Ehefrau fühlte sich dieser Belastung nicht gewachsen und trennte sich von ihm. Er verlor seinen Job, fand nach Verlassen der Klinik nie wieder Anschluss an seine frühere Gesundheit und lebt heute von Sozialhilfe.

Dies ist leider kein Einzelfall; wir könnten zahlreiche weitere Beispiele nennen. Daraus kann nur eine Konsequenz folgen: Wenn sich der Zustand eines Klienten während der Therapie verschlechtert, insbesondere dann, wenn er immer weniger in der Lage ist, seinen Alltag zu bewältigen, sollten wir keine Sekunde zögern, ihm eine ärztliche Behandlung oder einen Klinikaufenthalt zu empfehlen.

In einem solchen Zustand können Psychopharmaka ein Segen sein. Oft entsteht dadurch erst die Grundlage, auf der eine sinnvolle therapeutische Arbeit möglich ist. Schwer depressive Klienten kommen zum Beispiel gerne in die Therapiestunde und profitieren während dieser Stunde sehr davon. Diesen Erfolg können die Betroffenen jedoch leider nicht im Alltag umsetzen, und in der nächsten Sitzung ist alles so, als habe die letzte Stunde nie stattgefunden. So gibt es keine Fortschritte, was den Depressiven zunehmend entmutigt. Wirklich aufbauend arbeiten kann man erst, wenn das Antidepressivum wirkt.

Dazu habe ich in den vergangenen Jahren viele ermutigende Beispiele erlebt. Eine Betroffene sagte, die Antidepressiva hätten ihr dazu verholfen, wieder sie selbst zu sein. Die Erfolge, die sie sich in der Therapie erarbeitete, konnte sie im Alltag umsetzen. Schließlich reduzierte sie die Medikamente unter ärztlicher Aufsicht und braucht heute weder Antidepressiva noch Therapie.

An dieser Stelle einige Informationen über Psychopharmaka: Die modernen Präparate sind mit den Medikamenten, die noch vor zehn Jahren eingesetzt wurden, nicht mehr zu vergleichen. Sie werden heute den Bedürfnissen des Patienten entsprechend dosiert und häufig nach der Einstellungszeit gut vertragen. Süchtig machen nur Präparate, die sofort wirken. Dies trifft vor allem für Medikamente zu, in denen der Wirkstoff Benzodiazepin enthalten ist. Er befindet sich in Tranquilizern, die z. B. unter den Namen *„Valium"* oder *„Lexotanil"* bekannt sind. Diese Mittel sind verschreibungspflichtig und sollten nur im Notfall genommen werden, denn sie wirken sofort und machen nach kurzer Zeit körperlich und seelisch abhängig.

Antidepressiva und Neuroleptika – Mittel, die gegen Schizophrenie und psychotische Erkrankungen eingesetzt werden –, wirken dagegen erst nach ungefähr drei Wochen und machen demnach nicht abhängig. Sie dienen dazu, den aus den Fugen geratenen Stoffwechsel im Gehirn zu normalisieren. Wenn wir bedenken, dass heute nur noch ein geringer Prozentsatz der psychisch Erkrankten dauerhaft in der Psychiatrie leben muss, ist dies vor allem den Medikamenten zu verdanken.

Obwohl die meisten Betroffenen die Medikamente nicht gerne nehmen, berichten sie doch, dass sie mit deren Hilfe ihren Alltag bewältigen können. Aus diesem Grund sind Psychopharmaka in überwiegendem Maße ein Segen und die unerwünschten Wirkungen werden besonders von den an schweren Depressionen und an Schizophrenie Erkrankten gerne in Kauf genommen, denn dadurch führen sie ein vergleichsweise normales Leben mit ihren Familien in den eigenen vier Wänden.

Die Auswirkung von Trauma auf Beziehungen

Ein Trauma ist ein tiefgreifendes Erlebnis, welches das Verhalten jedes Menschen verändert. Aus diesem Grund ist es nicht möglich, ein Trauma *nicht zu kommunizieren*. Die durch das Trauma geprägten Verhaltensmuster wirken sich auf die Partner und Kinder der Betroffenen aus und prägen das emotionale Klima in der Familie. Diese Verhaltensmuster werden von den Kindern der Traumaopfer unbewusst an ihre eigenen Kinder weitergegeben. So werden die Auswirkungen der Traumata sozusagen von einer Generation zur nächsten übertragen. Aufschlüsse darüber vermitteln uns zum Beispiel Psychotherapeuten in den USA und Israel, die die Auswirkungen des Holocaust auf die „zweite und dritte Generation" erforschen. Aus eigener Erfahrung und aus der Literatur kennen wir viele Beispiele für eine Traumatisierung der Kindergeneration durch Erlebnisse der Eltern im Zweiten Weltkrieg (Radebold & Bohleber & Zinnecker. 2009).

Aus unserer Arbeit mit Familien und Paaren wissen wir, dass die Traumatisierung eines oder beider Erwachsenen in jeder Beziehung wie Sprengstoff wirkt. Deshalb ist es umso wichtiger, die Katastrophen der eigenen Familie zu kennen, um eventuelle Übertragungen aufzuspüren und aufzulösen. Dieses Kapitel befasst sich vor allem mit zwei Themenkreisen: zum einen mit der Auswirkung, die die Traumata der Eltern auf ihre Kinder haben, und zum anderen mit den Auswirkungen eines eigenen Traumas in der Paarbeziehung. Außer auf eigene Erfahrungen beziehen wir uns auf die Werkstattberichte der „Münchner Sprechstunde für Schreibabys", wo man sich mit der Weitergabe der mütterlichen Traumatisierung in der frühen Kindheit befasst, und auf die Erfahrungen der New Yorker Therapeuten mit Familien nach dem 11. September 2001. Das Kapitel über die Auswirkung von Traumata auf die Paarbeziehung stützt sich vor allem auf unsere eigene therapeutische Arbeit mit vielen hundert Klienten in der Paartherapie und den systemischen Aufstellungen.

Auswirkung auf die Eltern-Kind-Beziehung
Immer wieder kommen junge Mütter in die Praxis, die, obwohl sie sich so sehr auf ihr Baby gefreut haben, von unerklärlichen aggressiven oder depressiven Gefühlen überfallen werden. Einige klagen darüber, dass sie ihr Kind nicht wirklich lieben können oder die Tochter viel weniger schätzen als den Sohn. Andere berichten von großen Spannungen mit der eigenen Mutter. Viele haben plötzlich Schwierigkeiten in der Partnerschaft. Alle sind ratlos und verzweifelt, weil sie überhaupt nicht verstehen, warum sie nicht zufrieden und glücklich sind.

Sie kennen inzwischen die Wirkung von Triggern. So können Sie sich sicher vorstellen, dass so intensive Erlebnisse wie eine Geburt und die Sorge für einen Säugling Trigger erster Güte sein können, wenn die Schwangerschaft der Mutter und/oder die eigene frühe Kindheit belastet waren. Außerdem wird aus dem Mann plötzlich ein Vater und aus der Frau eine Mutter. Alle Erlebnisse, die Männer und Frauen mit ihren Vätern und Müttern hatten, werden durch ein eigenes Kind wachgerufen. Deshalb geht es nach der Geburt des ersten Kindes bei den Eltern nicht nur um die natürlichen Anpassungsprozesse an die Bedürfnisse des Säuglings, sondern auch um die Auseinandersetzung mit der eigenen Kindheit.

Wir wissen von René Spitz (1992) und Anna Freud (2003), dass sich ein Kind bis zu seinem zweiten Geburtstag nicht von seiner Mutter unterscheidet; es fühlt sich als Teil der Mutter und partizipiert an ihren Gefühlen. Dies gilt natürlich auch für Traumata. Da es nicht möglich ist, ein Trauma nicht zu kommunizieren, gibt jede Mutter – ob sie will oder nicht – ihre Erfahrungen an ihr Kind weiter. Die Begründerin der Eltern-Säuglings-Psychotherapie Selma Fraiberg beschreibt dieses Phänomen folgendermaßen:

„In jedem Kinderzimmer gibt es Gespenster. Sie sind die Besucher aus der nicht erinnerten Vergangenheit der Eltern, die ungeladenen

Gäste bei der Taufe. Unter günstigen Umständen werden diese unfreundlichen und unerbetenen Geister aus dem Kinderzimmer verbannt, sie kehren in ihre unterirdische Bleibe zurück. Das heißt nicht, dass die Gespenster aus ihrer Grabstätte nicht auch Unheil ersinnen könnten. In einem unbewachten Augenblick können die Eindringlinge aus der Vergangenheit in den magischen Kreis eindringen, und Mutter und Kind finden sich dabei wieder, einen Moment oder eine Episode aus einer anderen Zeit mit anderen Akteuren erneut in Szene zu setzen" (Fraiberg in Hellbrügge, 1980).

Die Gespenster können sich bereits in der Schwangerschaft melden. Die werdende Mutter erinnert sich unbewusst an ihre eigene fötale Zeit. Wurde sie abgelehnt oder plante ihre Mutter gar, sie abzutreiben, kann sie von Ängsten und depressiven Gefühlen heimgesucht werden. Diese Ängste teilen sich ihrem Ungeborenen mit, und der damit verbundene Stress bewirkt eine Unterversorgung mit Sauerstoff. Der Fötus erlebt Angst und Anspannung.

Nach der Geburt sind solche Kinder oft übererregt, schreien viel und finden nur schwer Ruhe und Schlaf. Wenn die Mutter als Baby ebenfalls viel geschrien hatte, wird sie durch das Weinen ihres Kindes angetriggert. Sie fühlt sich überfordert, ist zutiefst frustriert und tut das, was sie als Traumaopfer gelernt hat: sie dissoziiert. Damit entsteht ein Teufelskreis aus der Übererregung des Kindes und der darauf folgenden Dissoziation der Mutter. Das Kind fühlt sich verlassen, schreit noch mehr, worauf sich die Mutter innerlich noch weiter entfernt. In einigen Fällen lassen sich Mütter dazu hinreißen, ihr Kind ebenfalls zu vernachlässigen oder zu misshandeln.

Durch die Dissoziation der Mutter entsteht für das Kind ein Doublebind: Die Mama ist, obwohl körperlich anwesend, nicht da. Das Baby spürt ihre Abwesenheit, obwohl sie es anlächeln mag. Es kann darauf ebenfalls mit widersprüchlichen Verhaltensweisen reagieren, zum Beispiel einerseits extrem anhänglich sein und andererseits abweisend reagieren, sobald sich die Mutter mit ihm beschäftigen will. Solche Kommunikationsstörungen zwischen Mutter und Kind können chronisch werden. Das Kind kann zum „Schreibaby" werden und gar nicht so selten steht ihm eine Karriere als „schwieriges Kind" bevor.

Schwierigkeiten können auch dann entstehen, wenn das Kind von der Mutter getrennt wurde, sei es durch eine zu frühe Geburt, einen Krankenhausaufenthalt oder eine Krankheit der Mutter. Ein solches Kind kann nicht dasselbe Urvertrauen zu seiner Mutter entwickeln wie ein Kind, das eine solche frühe Trennung nicht erleben musste. Wird ein so traumatisiertes Mädchen selbst Mutter, kann sie durchaus ambivalente Gefühle zu ihrem Kind entwickeln, denn die Symbiose mit ihrem Kind wird für sie zum Traumatrigger: Genau aus einer solch lustvoll geborgenen Symbiose wurde sie durch die Trennung von ihrer eigenen Mutter herausgerissen und das kann sie daran hindern, ihrem Kind die Geborgenheit zu geben, die es braucht, um seinerseits Urvertrauen zu entwickeln.

Solche Muster können auch durch traumatische Geburten entstehen. Wenn es um Leben und Tod geht, können einige Frauen das Wesen, das ihnen soviel Qual bereitet und fast das Leben gekostet hat, nicht gleich liebevoll annehmen. Der Säugling spürt dies und schreckt zurück. Dies wiederum kann bei der Mutter zu der Überzeugung führen, das Kind lehne sie ab. Wird dieser Teufelskreis nicht unterbrochen, bleibt beiden das Gefühl, das Kind sei der Mutter etwas schuldig. Das Kind spiegelt jedoch in jedem Fall das Verhalten der Mutter. Säuglinge können ihre Mütter nicht ablehnen; dazu fehlen ihnen ganz einfach die intellektuellen und emotionalen Fähigkeiten. Weil den Müttern ihr eigener Beitrag zum Teufelskreis nicht bewusst ist, wird das Kind für das „Scheitern" der Beziehung verantwortlich gemacht.

Eine Klientin in einem unserer Seminare litt unter chronischen Schmerzen. Sie berichtete, sich nicht von ihrer Mutter lösen zu können. Die Mutter sei extrem anspruchsvoll, nie könne sie es ihr Recht machen. Sobald sie versuche, den Abstand zu ihr zu vergrößern, werde sie von unerträglichen Schuldgefühlen gepeinigt. Kurz danach träten schreckliche Kopfschmerzen auf.

Ihre Geburt war sehr schwer gewesen, Mutter und Kind hatten in Lebensgefahr geschwebt. Die Mutter hatte ihr erzählt, das Baby hätte sie sie nicht gemocht und von sich gestoßen. Außerdem habe sie extrem viel geschrien, worauf man sie in den Keller geschoben habe.

Wir erklärten der Klientin, dass die Ablehnung nie vom Baby ausgehe, sondern immer von der Mutter. Wir machten ihr den Zusammenhang zwischen der schweren Geburt und den ablehnenden Gefühlen der Mutter deutlich. Zuerst war die Klientin entsetzt, doch dieses Gefühl wich wenig später einer grenzenlosen Erleichterung. Sie begriff, dass sie immer dann Schmerzen entwickelte, wenn sie sich für etwas die Schuld gab, für das sie definitiv nichts konnte.

Es geht hier keineswegs darum, Mütter für die Schwierigkeiten ihrer Kinder verantwortlich zu machen, wie dies in der Pionierzeit der modernen Psychotherapie häufig geschah. Traumata werden kommuniziert, so sehr man sich auch um das Gegenteil bemühen mag. Die Mütter trifft deshalb keine Schuld, da sie ihr Kind nicht bewusst schädigen; die Gefühlssymbiose findet einfach statt, und für ihre eigene Traumatisierung können die Mütter schließlich nichts. Das Wissen um „die Gespenster der Vergangenheit" könnte Mütter jedoch dazu veranlassen, frühzeitig in geeigneten Institutionen Hilfe zu suchen, denn außenstehende Beobachter können die Kommunikationsstörung sehr wohl identifizieren und Abhilfe schaffen. Von der Therapie profitieren Mutter und Kind.

Immer wieder werden wir von besorgten Eltern, die solche Erlebnisse mit ihren Kindern machten, gefragt, ob man so eine Prägung überhaupt heilen könne. Damit, dass die Erwachsenen erkennen, dass die Problematik bei ihnen und nicht beim Kind liegt, ist der wichtigste Schritt bereits getan. Je mehr die Eltern ihre Traumata bearbeiten, umso bessser können sich die Kinder entspannen und sich wieder sicher fühlen. Zuweilen brauchen sie eine kindertherapeutische Betreuung, in der sie eventuelle Defizite spielerisch auszugleichen lernen.

Einen besonderen Stellenwert hat die Traumatisierung der Eltern durch den Zweiten Weltkrieg. Für Menschen, die erlebt haben, dass ihnen alles genommen wurde, bleibt die Familie oft der einzige Ort der Zuflucht. Fast alle Klienten, die aus solchen Familien stammen, berichten von einer Verpflichtung zum Zusammenhalt. Die durch das Trauma hervorgerufene Angststörung der Eltern wird häufig rationalisiert und auf real existierende mögliche Gefahren wie den Straßenverkehr, Aids oder Gewaltverbrechen projiziert. Dadurch entwickeln nicht wenige selbst Angststörungen. Aus diesen Faktoren entstehen bei erwachsenen Kindern häufig große Skrupel oder gar die Unfähigkeit, die Familie zu verlassen, um ein eigenes Leben zu führen.

Die Juden der *„zweiten und der dritten Generation"* haben darüber hinaus noch ein weiteres Problem: Obwohl ihre Eltern traumatisiert wurden, kannten die Eltern „die Zeit davor", stabile Familienverhältnisse, Glück und Zufriedenheit. Die Kinder kennen dieses „davor" nicht; für sie gibt es nur die Zeit nach der Shoah. Ganz gleich, ob die Eltern von ihren Erlebnissen erzählten oder versuchten, ihre Kinder durch Schweigen zu schützen, können die Kinder die Auseinandersetzung mit dem Trauma ihrer Eltern nicht vermeiden. Sie erhielten den nicht ausgesprochenen Auftrag, die „Brücke zum Leben" zu sein und die verlorene Familie der Eltern neu zu begründen. Viele Nachkommen leiden darunter, diesen durch den Generationenvertrag auferlegten Anspruch zu erfüllen.

Wie sich das Trauma von Eltern auf ihre Kinder überträgt, wurde durch die Arbeit der New Yorker Therapeuten nach dem 11. September 2001 noch einmal besonders deutlich (Schechter in Brisch/Hellbrügge, S.235-255). Die Terroranschläge führten bei 93000 Menschen zu posttraumatischen Belastungsstörungen, 110000 Menschen litten an Depressionen, Tausende von Kindern verloren ein Elternteil oder wurden auf andere Art geschädigt. Im Behandlungszentrum Pier 94 am Hudson River, einer umgebauten ehemaligen Fabrikhalle, richtete der Kindertherapeut Professor Daniel S. Schechter mit seinen MitarbeiterInnen eine Spielecke ein, wo sich die Kinder aufhalten konnten, während ihre Eltern betreut wurden. Malstifte und Spielzeug lagen bereit, und so konnten die Therapeuten beobachteten, wie die Kinder mit den Ereignissen umgingen.

Bald wurde klar, dass sich alle Kinder mit den Geschehnissen auseinandersetzten. Viele malten die brennenden Türme oder spielten die Anschläge nach. Genauso stark betroffen wie die Kinder, die alles selbst gesehen oder Eltern oder Familienmitglieder verloren hatten, waren jene, die die Katastrophe im Fernsehen angeschaut oder aus den Erzählungen der Eltern darüber gehört hatten. Die Eltern von Kleinkindern berichteten, dass ihre Babys plötzlich Schlafstörungen hätten und deutlich mehr schrien. Diese Kleinsten konnten nur auf die Traumatisierung ihrer Pflegepersonen reagieren, womit sich die symbiotische Verbindung von Säuglingen mit ihren Müttern zeigte.

Auch die älteren Kinder nahmen Anteil am Trauma ihrer Eltern, auch wenn diese sich bemüht hatten, ganz „normal" weiterzuleben. So blieben die Kinder mit ihren Ängsten allein, da sie sich wiederum scheuten, ihre Eltern noch mehr zu belasten. Schechter berichtet von Kindern, die in ihren gemalten Bildern auch die Ängste der Eltern ausdrückten, über die jene nicht gesprochen hatten. Je schwerer die Eltern traumatisiert waren, umso mehr versuchten die Kinder, ihre eigenen Ängste herunterzuspielen, indem sie übertrieben fröhlich waren. Kinder, die vor den Anschlägen in psychotherapeutischer Behandlung gewesen waren, entwickelten schlagartig ihre alte Symptomatik wieder. Schechter schreibt abschließend:

"Aus den Terroranschlägen des 11. September haben wir viele schmerzhafte Lektionen gelernt, und die wichtigsten davon wurden uns gerade von Säuglingen und Kleinkindern beigebracht: wie die Trennungsreaktionen dieser Kinder alle Rationalisierungen und Verleugnungen der Erwachsenen durchbrachen, wie sehr diese Kinder im Kontakt mit den inneren Vorgängen und Mitteilungen ihrer traumatisierten Pflegepersonen waren, wie sehr sie versuchten, aus den Reaktionen ihrer Eltern und den Informationsfetzen, die sie aufgeschnappt hatten, einen Sinn zu erkennen, und wie sie einfach weinten und sich an ihre Teddybären kuschelten, wenn das alles keinen Sinn mehr ergab" (ebd. S. 255).

Es zeigte sich, dass sich die Kinder sehr schnell beruhigten, wenn ihnen ihre Eltern oder die Therapeuten erklärten, was geschehen war und worauf die Erwachsenen so stark reagierten. Viele Kinder verloren allein durch diese Informationen ihre Symptome. Andere, besonders die durch Traumata vorgeschädigten Kinder, brauchten eine eigene therapeutische Begleitung, um die erneute Belastung zu verarbeiten.

Kinder merken, was in ihren Familien geschieht. Sie reagieren darauf und tun auf ihre Art das ihnen Mögliche, um für Entlastung zu sorgen. Symptome sind ein Zeichen dafür, dass Kinder durch den emotionalen Input ihrer Familien überfordert sind. Eltern tun ihren Kindern keinen Gefallen, wenn sie ihnen Informationen vorenthalten. Schon Zwei- und Dreijährige können verstehen, dass es ihren Eltern aus bestimmten Gründen nicht gut geht. Entscheidend und entlastend wirkt für Kinder, wenn ihnen die Erwachsenen gleichzeitig glaubhaft machen können, dass sie sich um ihre Probleme kümmern und diese letztlich bewältigen werden. Dann können sich die Kinder entspannen und wieder mit ihren eigenen Lebensinhalten befassen.

Traumatische Erfahrungen in der Kindheit sind zuweilen verantwortlich dafür, dass Frauen nicht schwanger werden. Ungewollte

Kinderlosigkeit ohne medizinisch diagnostizierbare Ursachen hat unserer Erfahrung nach häufig diesen Grund.

Eine junge, gesunde Frau kam in eines unserer Seminare, weil sie nicht schwanger wurde. Sowohl sie als auch ihr Mann wünschten sich sehnlichst ein Kind. In der Vorbesprechung und der Aufstellung wurde deutlich, dass sowohl ihr Vater wie auch ihre Mutter ständig ihre Grenzen übertreten hatten. Ein sexueller Missbrauch durch den ältesten Bruder schien nicht ausgeschlossen. In der Einzeltherapie erhärtete sich dieser Verdacht und wir arbeiteten an der Integration dieses schlimmen Erlebnisses. Drei Monate später erzählte sie glücklich, dass sie schwanger sei. Sie gebar ein gesundes Kind.

Es ist wirklich wichtig, sich um die eigenen Katastrophen zu kümmern. Um eine Veränderung in unseren Familien und letztlich auch in unserer Gesellschaft zu bewirken, ist es dringend notwendig, dass wir uns mit den Verhaltensmustern und Glaubenssätzen beschäftigen, die aus den Traumatisierungen entstanden sind, und verstehen lernen, was uns antriggert. Erst dann werden wir fähig, unser Leben nach unseren Wünschen frei zu gestalten.

Auswirkungen auf die Paarbeziehung
Wir haben bereits viele emotionale Auswirkungen von Trauma kennengelernt und es braucht nicht viel Phantasie, um sich vorzustellen, wie sich diese in einer Beziehung auswirken. Ein Trauma stört die Paarbeziehung, ja, wir würden Trauma den „Beziehungskiller Nummer eins" nennen.

Wie wir wissen, wird das Bindungsverhalten eines Kindes in der frühen Kindheit geprägt. Michaela Huber schreibt: *„Das Entscheidende passiert in den ersten 12 Lebensmonaten, der Rest meist in den nächsten zwei Jahren"* (2003. S. 88). Wie wir ebenfalls wissen, ist dieses Bindungsmuster häufig ausschlaggebend für das Bindungsverhalten des Erwachsenen. Wenn scheinbar unlösbare Probleme zur Krise führen, gibt es oftmals einen traumatischen Hintergrund in der Kindheit eines oder beider Partner.

Ein Kind, das in seiner Familie traumatisiert wird, befindet sich in einer für es selbst unlösbaren Situation, einem wirklichen Dilemma: Die Menschen, denen es vertrauen soll, ja vertrauen muss, da sie für sein Überleben sorgen, sind gleichzeitig Menschen, die es an Leib und Seele bedrohen. Gleichzeitig fühlt es die Notwendigkeit, sich an Mutter und Vater zu binden und sie als gute Eltern wahrzunehmen. Das Kind ist verwirrt und in ihm entsteht ein schlimmer innerer Konflikt:

Wenn es die Mutter, die ihm die Fürsorge verweigert und es schlägt, als böse Mutter wahrnimmt, hat es gleichzeitig seine engste Bezugsperson verloren. Wenn es den Vater, der ihm durch die wiederholte sexuelle Gewalt die Nächte zur Hölle macht, als Täter empfindet, verliert es damit seinen Papa. Das Kind befindet sich in einer Doublebind-Situation, in einer Lage, in der es zwei Botschaften gleichzeitig erhält, die sich gegenseitig aufheben. Aus eigener Kraft kann kein Kind ein derartiges Dilemma lösen.

Ein solches Kind hat in der Regel keine gute Selbstwahrnehmung. Es hat die negativen Attribute, die es von anderen zugeschrieben bekommt, als seine eigenen angenommen und gibt sich selbst die Schuld an Misshandlungen und Missbrauch. Die meisten traumatisierten Klienten sagen mir zu Anfang der Therapie: „Ich hätte mich ja wehren können!", oder „Ich hätte braver sein können!"

Obwohl diese Überzeugung schwer auf dem Selbstwert lastet, hat sie einen unschätzbaren Vorteil: Der Glaube des Kindes an seine Mittäterschaft ermöglicht ihm die Illusion, der Situation nicht vollkommen ausgeliefert gewesen zu sein. Die vermeintliche Mitschuld wiegt weniger schwer als das Eingeständnis des totalen Kontrollverlusts. Daraus erklärt sich, warum traumatisierte Klienten zuweilen an ihren Schuldphantasien festhalten.

In Fällen schwerer Gewalt hilft sich ein traumatisiertes Kind damit, dass es den „bösen" Teil des misshandelnden Menschen komplett abspaltet, so als gäbe es ihn überhaupt nicht. Es lernt dadurch, dass Menschen entweder gut oder böse sind. Die Möglichkeit, dass ein Mensch sowohl positive als auch negative Seiten hat, ist für das Traumaopfer nicht gegeben. Es wird nur die positive Seite der gewalttätigen Mutter, des gewalttätigen Vaters wahrgenommen, zuweilen sogar idealisiert. Das Konzept von Idealisierung und Verteufelung wird auf jeden anderen Menschen übertragen.

Die Betroffenen haben größte Schwierigkeiten, einen anderen Menschen in seiner Komplexität wahrzunehmen. Sobald der andere nicht so reagiert, wie das Traumaopfer idealerweise erwartet, wird das Gegenüber zum Feind. Der Wechsel geht so blitzschnell, dass dem anderen kaum Zeit zum Reagieren bleibt. Die Beziehungen der Betroffenen sind meist höchst dramatisch.

Als Erwachsener reagiert ein in der Kindheit traumatisierter Mensch auf alle äußeren Reize so, wie er dies als Kind gelernt hat. Sein Körper ist daran gewöhnt, blitzschnell auf bedrohlich scheinende Situationen zu antworten. Der aufgeregte, verängstigte Zustand, in dem sich das Kind jahrelang befand, bewirkt, dass sich der Erwachsene sehr schnell heftig wehrt oder sich mit derselben Schnelligkeit zurückzieht. Seine emotionalen Reaktionen entsprechen etwa dem Alter, in dem er traumatisiert wurde.

Den Mitmenschen erscheinen diese Reaktionen unangemessen und völlig überzogen. Sie nennen den Betroffenen „kindisch", womit sie in gewisser Weise zwar Recht haben, den Traumatisierten aber noch mehr in die Enge treiben. Auf die Zurückweisung reagiert der Traumatisierte häufig aggressiv oder depressiv. Dieser Wechsel von Aggressivität und Depressivität ist vom Umfeld schwer vorherzusehen, nicht zu verstehen und schlecht zu ertragen. So tragen traumatisierte Menschen tragischerweise durch ihr Verhalten selbst dazu bei, dass sie wiederum von anderen traumatisiert und ausgegrenzt werden.

In der Kindheit traumatisierte Menschen haben ganz grundsätzlich Probleme, anderen Menschen oder Situationen zu vertrauen. Deshalb versuchen sie, so viel wie möglich zu kontrollieren. In ihren Beziehungen herrscht ein unvorhersehbarer Wechsel von Dominanz und Abhängigkeit. Sie setzen sich rücksichtslos durch, dann wieder sind sie hilflos und abhängig. Unter diesen Umständen können sich vertrauensvolle Beziehungen nicht bilden, und so geraten sie immer weiter in die soziale Isolation.

Schwierigkeiten bereitet auch der Mechanismus, sich bei Konfrontationen auf Verhaltensweisen zurückzuziehen, die dem Alter entsprechen, in dem das Kind traumatisiert wurde. Die von der Auseinandersetzung betroffenen Menschen erkennen die nicht angemessene Reaktion, weisen das Traumaopfer zurück und treiben es somit tiefer ins soziale Abseits.

Wenn Gefühle nicht oder nur gedämpft empfunden werden, wenn emotionale Signale überbewertet werden, wenn Nähe und Zuwendung mit Ohnmacht und Gewalt verknüpft sind, ist jede Beziehung zu anderen Menschen von vornherein belastet. Die Beziehung zum Lebenspartner, dem einzigen Menschen, den man so nahe an sich heranlässt, dass er die wunden Punkte unbeabsichtigt antriggern kann, wird deshalb als besonders schwierig empfunden. Je heftiger das Kindheitstrauma war, umso intensiver und häufiger verletzen traumatisierte Partner einander, ohne dies jedoch zu beabsichtigen und *ohne es vermeiden zu können*. Darin liegt zum einen die Schwierigkeit, zum anderen aber auch die große Chance einer solchen Verbindung. Wenn es beiden gelingt, die Verletzung als Hinweis auf ein eigenes Trauma zu verstehen und nicht mehr dem anderen anzulasten, können sich beide dabei unterstützen, ihre Kindheitskatastrophen aufzuarbeiten.

Nur sehr selten sucht sich ein traumatisierter Mensch einen nicht traumatisierten Partner: wir lieben, was wir kennen. Nach diesem Prinzip funktionieren Werbung und Charts. Deshalb finden sich traumatisierte Menschen gegenseitig attraktiv. Meist sind beide etwa gleich schwer belastet, was die Sachlage nicht gerade vereinfacht, denn bei fast jedem Paar in unserer Praxis begegneten wir einem besonderen Phänomen: Die Art und Weise, wie sich der eine vor Verletzungen schützt, widerspricht diametral der Schutzmethode des anderen.

Wenn also zum Beispiel die Frau in einem Elternhaus aufwuchs, in dem ihre Grenzen immer wieder verletzt wurden, sucht sie den Rückzug, um sich zu schützen. Wurde der Mann dagegen in seinem Elternhaus vernachlässigt und durch Schweigen bestraft, ist für ihn möglicherweise Kontakt das beste Mittel, um seine Spannungen aufzulösen. Bei einer Verletzung zieht sich die Frau zurück, der Mann hakt nach und fordert eine Aussprache. Dies triggert das Trauma der Frau, wodurch sie emotional in katastrophale Zustände gerät. Sie versucht zu flüchten, was wiederum den Mann antriggert, der mit den heftigen Gefühlen seiner Verlassenheit zu kämpfen hat. Emotional regredieren beide auf das Alter, in dem das Trauma stattfand. Obwohl sich dem Alter des Körpers entsprechend zwei erwachsene Menschen gegenüberstehen, befinden sich emotional zwei traumatisierte Kinder im freien Fall. Gelöst wird bei einer solchen Auseinandersetzung nichts; es wird im Gegenteil alles immer nur noch schlimmer.

Ein Paar berichtete genau von diesem Problem: Der Mann zog sich bei Streitigkeiten zurück, die Frau hakte nach. Da beide nichts von dem Zusammenhang ihres Verhaltens mit ihren Kindheitstraumen wussten, versuchten sie, ihre Konflikte durch eine Steigerung ihrer Forderungen an den anderen zu lösen, was darin gipfelte, dass sich der Mann in sein Zimmer einschloß und die Frau von außen die Fensterscheibe einwarf, um den Kontakt unter allen Umständen zu halten.

Eine solche Situation ist für beide unerträglich. Immer wieder entlädt sich die katastrophale Spannung in körperlicher oder emotionaler Gewalt. Der Mann des oben beschriebenen Paars reichte nach diesem Vorfall die Scheidung ein. Obwohl beide durch die Therapie verstanden, was sie in die Krise getrieben hatte, konnte der Mann die bloße Möglichkeit eines weiteren Übergriffs nicht ertragen.

Häufig sind Probleme mit der Sexualität der Grund, warum Paare in die Therapie kommen. Der Grund dafür muss keineswegs traumatisch sein, besonders wenn es eine Zeit gab, in der Sexualität lustvoll erlebt wurde. Eigentlich geht es bei solchen Schwierigkeiten meist nicht um die Sexualität, sondern darum, dass Konflikte nicht bearbeitet und Spannungen nicht gelöst wurden.

Natürlich gibt es auch traumatische Ursachen, zum Beispiel im Falle von sexuellem Missbrauch in der Kindheit. Da es sich bei den Betroffenen meist um Frauen handelt, behandeln wir das Thema aus weiblicher Sicht. Je nach Art und Schwere des Missbrauchs und abhängig vom Temperament gibt es hauptsächlich zwei typische Reaktionsweisen: passives Vermeiden von Sexualität oder aktives Demonstrieren von Macht über Sexualität.

Die meisten Frauen versuchen Sexualität zu vermeiden. Einige gehen auf Nummer sicher und vermeiden jegliche Beziehung zu Männern, andere binden sich und versuchen mehr oder weniger geschickt, das Thema Sexualität auszuklammern. Meist ist die Sexualität von Anfang an schwierig. Viele Frauen entwickeln psychosomatische Symptome, die ihnen den Geschlechtsverkehr unmöglich machen. Zuweilen „klappt" es bis zur Geburt des ersten Kindes so einigermaßen, vor allem wenn der Missbrauch verdrängt wurde. Geburten – aber auch künstliche Befruchtungen – können Trigger für das Trauma sein, da sich die Frau wie beim Missbrauch ohnmächtig ausgeliefert fühlt und große Schmerzen im Unterbauch und im Genitalbereich spürt. Natürlich kann auch das Geburtserlebnis selbst traumatisch erlebt werden.

Einen sehr eindrücklichen Fall erlebten wir in unserer Praxis. Die Frau weigerte sich, nach der Geburt des gemeinsamen Kindes mit ihrem Mann zu schlafen. Nach einigen Jahren, in denen sich nichts geändert hatte, kamen beide zur Therapie. Die Frau berichtete von der als schrecklich erlebten Geburt. Als sie die dabei empfundenen Gefühle schilderte, erinnerte sie sich plötzlich an einen sexuellen Missbrauch. Sie verstand, warum sie eine so starke Abneigung gegen Sexualität empfunden hatte. Obwohl sie jetzt den Grund für ihre Ablehnung kannte, hatte sie eine derartig starke körperliche Abneigung gegen ihren Mann entwickelt, dass sich das Paar trennte.

Wenn das Kind vom Vater in der Form missbraucht wurde, dass er das Mädchen zu seiner „kleinen Prinzessin" machte und versuchte, ihm durch Zärtlichkeit lustvolle Gefühle zu bereiten, lernt das Kind frühzeitig, Zuwendung, körperliches Wohlbefinden, Macht, Ohnmacht und Sexualität miteinander zu koppeln. Als Erwachsene neigen diese Frauen dazu, ihre Macht durch Sexualität zu beweisen, indem sie mit Männern „spielen" und ihre Partner häufig wechseln. Bis zu 80 % aller Frauen, die sich freiwillig prostituieren, wurden als Mädchen missbraucht und geben als Grund für ihre Tätigkeit an, dass sie das Gefühl genießen würden, Sexualität zu kontrollieren (Marwitz, G. & Hörnle, R. 1992 Das Gesundheitswesen 54/10, S. 569-571).

Besonders eindrücklich war hier die Begegnung mit einer Klientin, die als Domina arbeitete. Als Kind erlebte sie sexuelle und körperliche Gewalt in Form von Prügeln. Sie bewies „den Männern" täglich die Kontrolle über deren Sexualität, indem sie sie gegen hohe Bezahlung fesselte und auspeitschte.

Aber auch Frauen, die in glücklichen Beziehungen leben, haben den zum Teil unwiderstehlichen Drang, ihre sexuelle Macht über Männer durch wechselnde Außenbeziehungen zu demonstrieren. Mit diesem Verhalten zeigen sie darüber hinaus auch dem Ehemann, dass sie die Beziehung kontrollieren. Es gibt Fälle, wo die Frauen nur dann mit ihren Partnern glücklich sein können, wenn sie nebenher sexuelle Beziehungen zu anderen Männern haben.

Wenn Kindheitstraumen die Paarbeziehung belasten, wirkt die Erkenntnis bereits erleichternd, dass es die traumatischen Erlebnisse sind, die die Partnerschaft stören. Soll die Beziehung gelingen, müssen beide lernen, Verantwortung für die eigenen Trigger zu übernehmen und mit denen des anderen behutsam umzugehen.

Zum Beispiel kann derjenige, der sich aktiv auseinandersetzen will, lernen, auf das Rückzugsbedürfnis des Partners Rücksicht zu nehmen. Eine Vertagung der Aussprache kann der Aktivere dazu nutzen, seine aufgeladenen Emotionen beispielsweise durch körperliche Bewegung wie Sport, Spazierengehen oder Tanzen eigenverantwortlich abzubauen. Als Kind war ihm das nicht möglich, doch heute ist er erwachsen und kann in diesem Kontext lernen, anders zu reagieren.

Auch derjenige, der Konflikten am liebsten aus dem Weg geht, kann verstehen, dass eine Auseinandersetzung kein traumatischer Übergriff ist. Auch er muss Verantwortung für sein Trauma und die damit verbundenen Gefühle und Lösungsstrategien übernehmen. Die katastrophalen Emotionen mag der Partner zwar auslösen, doch verursacht wurden sie durch Erlebnisse in seiner Kindheit. Je mehr es ihm gelingt, sich den Schwierigkeiten als Erwachsener zu stellen, umso eher kann er erfahren, dass im Rahmen seiner Partnerschaft andere Lösungen möglich sind als in seiner Ursprungsfamilie.

Diese Lernschritte sind nicht immer einfach, doch sie lohnen sich. Beide gewinnen vor allem mehr Regie über sich selbst, was der Beziehung gut tut. Und wenn sich das Paar am Ende doch trennen sollten, kann diese Trennung in gegenseitigem Respekt geschehen. Erst dann ist ein wirklich neuer Anfang möglich.

Die Wiederholung der traumatischen Erfahrung

Viele traumatisierte Menschen neigen dazu, sich mit Menschen einzulassen oder sich in Situationen zu verwickeln, die dem ursprünglichen Trauma gleichen. Freud, dem dies aufgefallen war, meinte dazu, dass der Wiederholungszwang die Wirkung habe *„das Trauma wieder zur Geltung zu bringen, also das vergessene Erlebnis zu erinnern, oder noch besser, es real zu machen, eine Wiederholung davon von neuem zu erleben"* (Freud 1939). Er interpretierte dieses Verhalten als den Versuch, die traumatische Situation durch die ständige Wiederholung schrittweise zu bewältigen. Diese Lehrmeinung war lange gültig. Die Erfahrungen bewiesen jedoch das Gegenteil: Je häufiger sich die traumatische Situation wiederholt, umso schlimmer und unlösbarer wird sie für die Betroffenen. Warum kommt es also zu diesen sinnlosen Wiederholungen?

Der Selbstwert von missbrauchten Kindern ist äußerst labil. Äußerlich gesehen können sie kompetent und sehr verantwortlich für andere handeln, doch innerlich verachten und hassen sie sich und behandeln sich selbst genauso wie ihre Peiniger. Aus diesem Grund suchen sich erwachsen gewordene Traumaopfer häufig Partner aus, die diesem inneren Skript entsprechen. So verlieben sich traumatisierte Frauen häufig in Männer, die dazu neigen, ihre Frauen zu misshandeln. Dass diese Männer in ihrer Kindheit ebenfalls traumatisiert wurden und ihr Trauma auf männliche Weise verarbeiten, indem sie Macht über ihre Frauen ausüben, macht die Sache nicht leichter. So beschwören Traumaopfer unbewusst häufig genau die Situationen herauf, die sie unter allen Umständen vermeiden wollen.

Darüber hinaus neigen die Betroffenen dazu, das, was ihnen geschehen ist, unbewusst zu inszenieren. Sie verhalten sich so, dass sie von ihren Mitmenschen, die diese Inszenierung nicht als solche erkennen können, ausgegrenzt und abgewertet werden. Die Reaktion von Traumaopfern auf Triggersituationen führt ebenfalls häufig zu sozialer Isolation. Auf Reize, die von anderen Menschen als harmlos eingestuft werden, reagieren die Betroffenen mit heftigen Gefühlen oder mit Dissoziation. Die zumeist heftige Zurückweisung durch die Umwelt wiederholt die traumatisierenden Situationen, ohne dass die Betroffenen verstehen, wieviel sie selbst zur Entstehung des Dilemmas beitragen. Nur in geduldiger therapeutischer Arbeit können diese Muster erkannt und aufgearbeitet werden, womit sich die Wahrscheinlichkeit einer Wiederholung der traumatischen Situation deutlich verringert.

Anderen gegenüber sind Traumaopfer übermäßig wachsam und oft wahre Meister in der Interpretation von Gefühlen, Gedanken und nonverbalen Hinweisen ihrer Mitmenschen. Wirklich nutzen können sie dieses Wissen jedoch nicht, denn sie haben grundlegende Defizite, wenn es darum geht, Situationen wirklich realistisch einzuschätzen: *Traumaopfer neigen dazu, kleine Anlässe überzubewerten und wirkliche Gefahren zu übersehen.* Deshalb geraten die Betroffenen wesentlich leichter als Nicht-Traumatisierte in gefährliche Situationen.

Männer und Frauen wiederholen ihre Traumata unterschiedlich. Je schlimmer ein Junge gequält wurde, umso häufiger neigt er dazu, den erlittenen Kontrollverlust zu kompensieren, indem er Macht über Schwächere ausübt. So gibt es bei Jungen einen signifikanten Zusammenhang zwischen eigenem Trauma und späterer Kriminalität, zu Gewalttätigkeit und Drogenmissbrauch. Aus der Praxis kennen wir unzählige solcher Fälle. Besonders eindrücklich war der Fall eines Mannes, der zuerst von den Nazis, dann von den Russen jahrelang in Konzentrationslagern gequält wurde. Als er endlich wieder zu Hause war, wurde er als Held des Widerstandes gefeiert. Dass er seine Enkelin jahrelang sexuell missbrauchte, wurde verheimlicht. Das Mädchen hatte keine Chance, den Helden zu entthronen. Erst nach seinem Tod sah sie sich in der Lage, ihr Trauma zu bearbeiten.

Mädchen geraten leider öfter als Jungen in Gefahr, immer wieder zum Opfer zu werden. So haben missbrauchte Mädchen später ein viel höheres Risiko, Opfer von Gewalt zu werden. In einer Studie von Diane Russell (1986) zeigte sich, dass 68 % der Frauen, die vergewaltigt wurden, Missbrauchserfahrungen in der Kindheit hatten (in v. d. Kolk, S. 188). Frauen, die einen Inzest erlebten, sind doppelt so häufig Opfer von körperlicher Gewalt in ihrer Ehe. Opfer von Vater-Tochter-Inzest sind viermal häufiger Darstellerinnen in Pornofilmen als nicht betroffene Frauen.

Traumatisierte Frauen, die in einer von Gewalt geprägten Ehe leben, haben die größten Schwierigkeiten, sich daraus zu lösen. So wie sich die Geiseln im bereits beschriebenen „Stockholmsyndrom" mit ihren Entführern verbünden, so bauen in ihrer Kindheit missbrauchte Frauen ebenfalls starke Beziehungen zu ihren Peinigern auf. Sie glauben, den Missbrauch durch besonders angepasstes, vorbildliches Verhalten vermeiden zu können. Da sie nie gelernt haben, sich für ihre eigenen Bedürfnisse einzusetzen, gelingt es ihnen nicht, sich bei den in Beziehungen üblichen Konflikten verbal auszudrücken und sich konstruktiv auseinanderzusetzen. Sie wenden die gewohnten Lösungsstrategien an und flüchten in ihre Innenwelt. Darauf reagiert der Partner häufig mit neuerlicher Gewalt; und so wiederholt sich der traumatisierende Kreislauf für das Opfer und den Täter.

Nur wenn beide offen dafür sind, an ihren Traumata zu arbeiten, kann aus der Missbrauchsverbindung eine Partnerschaft werden. Leider sind Männer, die ihre Frauen misshandeln, nur selten bereit, den Fehler bei sich zu sehen. Sie erleben sich häufig als stark und rational und können viele „logische" Gründe anführen, die die Gewalt gegenüber der Frau rechtfertigen. Die Tatsache, dass es nie genügend freie Plätze in den Frauenhäusern gibt, spricht eine deutliche, traurige Sprache. Eine Änderung kann sich erst dann einstellen, wenn die betroffenen Männer begreifen, dass sie vor allem deshalb Täter sind, weil sie als Kinder Opfer waren, und ihr Trauma bearbeiten. Solange in der westlichen Welt Gewalt als adäquates Mittel zur Lösung von Problemen angesehen und durch Filme, Zeitschriften und Computerspiele als besonders männlich verherrlicht wird, stehen die Chancen für einen baldigen Wandel jedoch eher schlecht.

Trauma und Gesellschaft

In unserer Gesellschaft herrscht die grundsätzliche Überzeugung, dass „gute" Menschen ihr Leben meistern und nur „schlechte" oder „schwache" Menschen auf der Strecke bleiben. Katastrophen werden von verantwortungsbewussten Menschen bewältigt, ja, solche Persönlichkeiten gehen gestärkt aus schwierigen Situationen hervor. Für Krisen wie Ehescheidungen, schwere Krankheiten, Arbeitslosigkeit oder Tod eines Nahestehenden wird jedem zwar eine gewisse Zeit zur seelischen Verarbeitung zugebilligt – Männern weniger als Frauen –, doch dann sollte die Krise bewältigt bzw. „abgehakt" sein.

Außerdem geschehen bestimmte schlimme Dinge sowieso nur „den Anderen", die ihr Leben eben nicht im Griff haben. Auf Grund dieser weitverbreiteten Überzeugung geraten Menschen, die Opfer von Gewaltverbrechen werden, leicht in Gefahr, dafür auch noch beschuldigt zu werden. So hängt Frauen, die eine Vergewaltigung erlitten haben, der ausgesprochene oder unausgesprochene Vorwurf nach, den Täter durch aufreizende Kleidung oder durch freizügiges Verhalten selbst eingeladen zu haben. Tenor ist immer, dass die Opfer schuldig oder zumindest mitschuldig sind an dem, was ihnen widerfährt.

Diese Haltung setzt Opfern von Gewaltverbrechen mindestens genauso zu, wie das eigentliche Trauma. Die großen Schwierigkeiten, sich emotional mit dem Schlimmen auseinanderzusetzen, werden dadurch noch verstärkt, und so versucht das Traumaopfer, so schnell wie möglich zur Tagesordnung überzugehen. Das nicht verarbeitete Erlebnis wird verdrängt und macht sich in psychischen oder körperlichen Symptomen bemerkbar. So werden aus traumatisierten Menschen ganz schnell Patienten mit chronischen Störungen.

Dies gilt im besonderen für traumatisierte Kinder. Kinder, die sexueller und/oder körperlicher Gewalt ausgesetzt sind, deren Umfeld aggressiv oder vernachlässigend war, fallen im Kindergarten und in der Schule häufig durch unangemessenes Verhalten auf. Sie sind entweder abgestumpft oder in einem Zustand ständiger, oft aggressiver Erregung. Das emotionale Spektrum eines solchen Kindes ist auf wenige lebenserhaltende Affekte beschränkt, und zwar je nach Temperament vor allem auf Gefühle, die entweder Flucht oder Kampf ermöglichen. Besonders Lehrer und Erzieher, die in sozialen Brennpunkten unterrichten, haben heute mit den Auswirkungen solcher Traumata zu tun. Derart belastete Kinder sind in der Regel kaum fähig, sich Wissen anzueignen und eine Grundlage für eine qualifizierte Ausbildung zu erwerben, mit all den Auswirkungen auf die Gesellschaft. Verständnis für die Umstände, die einem solchen Verhalten vorausgehen, ist meistens nicht vorhanden, und selbst wenn es vorhanden wäre, fehlen die Mittel, in der richtigen Weise damit umzugehen.

Männern gelingt es in der Regel besser, traumatische Erlebnisse zu verkraften. Sie versuchen weitaus öfter als Frauen, weitere Opfererfahrungen durch Kämpfen zu verhindern. So verarbeiteten einige unserer Klienten ihre schweren Kindheitstraumata dadurch, dass sie hervorragende Kampfsportler, Soldaten oder Bodyguards wurden.

Auch das Arbeitsleben scheint sich hervorragend dafür zu eignen, von Problemen abzulenken, bzw. aggressive Impulse auszuleben. Der amerikanische Psychiater Bessel van der Kolk verweist in seinem Buch *„Traumatic Stress"* darauf, dass in der *„Grant Study"*, einer über 50 Jahre laufenden Studie der Harvard Universität, festgestellt wurde, dass Männer, die nach dem Zweiten Weltkrieg an einer Posttraumatischen Belastungsstörung litten, mit viel größerer Wahrscheinlichkeit im „Who's who in America" aufgelistet wurden als ihre nicht traumatisierten Altersgenossen (2000, S. 51). Das prominenteste Beispiel hierfür ist sicherlich John F. Kennedy, der trotz schwerster Krankheit im Jugendalter und traumatischer Erfahrungen im Zweiten Weltkrieg Präsident der Vereinigten Staaten wurde.

Auch heute noch ist es für Männer kein Manko, wenn sie ihre Gefühle nicht äußern können. Aggressives Verhalten ist zudem für Männer gesellschaftlich akzeptabel. So fallen traumatisierte Männer viel weniger auf als Frauen. Da ihnen nicht ständig vermittelt wird, mit ihnen stimme etwas nicht, suchen männliche Traumaopfer oft erst dann therapeutische Hilfe, wenn sich ihre schlimmen Erlebnisse in körperlichen oder psychischen Symptomen Ausdruck suchen oder wenn es durch die Abspaltung der Gefühlswelt zu Spannungen in der Partnerschaft kommt.

Frauen haben es da viel schwerer, da viele durch ihre Erziehung, aber zum Teil auch durch ihre Veranlagung eher zum Fliehen als zum Kämpfen neigen. Darüber hinaus gelten kämpferische Frauen auch heute noch als unweiblich. So erleben missbrauchte Mädchen ein Dilemma: Sie erfahren Gewalt, dürfen sich aber nicht wehren, da jede Form von Kampf weitere negative Sanktionen nach sich zieht. So bleibt den weiblichen Traumaopfern häufig nur der Rückzug in eine Innenwelt, in der der Missbrauch an Körper und Seele so vollständig verdrängt wird, dass das Trauma der bewussten Erinnerung nicht mehr zugänglich ist. Diese Abspaltung hat allerdings einen gewaltigen Preis, da die Frauen einen Großteil ihres differenzierten Gefühlslebens ebenfalls abspalten.

Dies ist in unserer Gesellschaft ein großes Manko: *Frauen haben Gefühle zu haben und sollten darüber sprechen können!* So gelten diese Frauen als gefühlskalt oder blockiert. Sie sind selbst davon überzeugt, dass „etwas mit ihnen nicht stimmt", und greifen auf ihr bewährtes

Bewältigungsmuster für belastende Situationen zurück: Rückzug in die Innenwelt. Ist dieser Teufelskreis erst einmal wirksam, sind die Auswirkungen auf die Paarbeziehungen massiv.

Gesellschaftlich hat der falsche Umgang mit Trauma auch finanzielle Folgen. Arbeitsunfähige, chronisch psychosomatisch Erkrankte, auffällige und straffällige Jugendliche und Menschen, die am Rande der Gesellschaft leben, belasten die Solidargemeinschaft. In ihrer Studie zeigen North und Smith (1992, in v. d. Kolk, S. 156) auf, dass die PTBS eine der verbreitetsten psychischen Störung unter Obdachlosen ist, wobei die Reaktion auf das Trauma den gesellschaftlichen Abstieg verursachte. Eine australische Studie (ebd. Raeside, Shaw, McFarlane, 1995) zeigte einen deutlichen Zusammenhang von sexuellem Missbrauch in der Kindheit und späterer Kriminalität der betroffenen Frauen.

In diesen Bereich gehört natürlich auch das Thema „Mobbing am Arbeitsplatz". Ständiges Abwerten fällt unter den Oberbegriff „psychische Misshandlung" und wirkt nicht nur auf Kinder traumatisierend. Aus Sorge um den Arbeitsplatz wagen viele Arbeitnehmer nicht, sich gegen den Terror zu wehren: Sie werden statt dessen krank und erleiden nicht selten ein Burnout. Die steigenden Fehlzeiten belasten die Betriebe und letztlich die Volkswirtschaft ganz erheblich. Die Statistiken der DAK und AOK sprechen eine deutliche Sprache:

Der Gesundheitsreport der DAK verzeichnet einen Anstieg der psychischen Erkrankungen von 4,7 % in 2010 auf 12,1 % in 2011. Der Bericht, der eine durchschnittliche Krankheitsdauer von 28,9 Tagen ermittelt, kommt zu dem Schluss: *„Nach epidemischen Studien gehören psychische Erkrankungen zu den häufigsten und auch kostenintensivsten Erkrankungen"* (S. 28, 2011). Und im Gesundheitsbericht der AOK lesen wir:

„Auffällig ist vor allem, dass Burnout (das sogenannte Ausgebranntsein) als Zustand psychischer und physischer Erschöpfung in der Diagnosegruppe ‚Probleme mit Bezug auf Schwierigkeiten bei der

Lebensbewältigung' zunehmend dokumentiert sind. Um das Siebenfache sind die Krankheitstage zwischen 2004 und 2010 in dieser Diagnosegruppe angestiegen" (10. 5. 2011, Gesundheitsbericht).

Erst in den letzten Jahren wurden Beratungsstellen für Mobbing-opfer eingerichtet, und auch in größeren Betrieben scheint sich die Erkenntnis durchzusetzen, dass es rentabler ist, Streitigkeiten in Teams durch den Einsatz von Beratern zu lösen.

Merkwürdigerweise entsteht trotz gesicherter wissenschaftlicher Beweise, dass bestimmte Symptome und Verhaltensweisen durch traumatische Erlebnisse verursacht werden, in Deutschland wenig Handlungsbedarf. Es herrscht besonders in Fachkreisen immer noch die Annahme, die Diagnose „Trauma" dürfe nur in den Fällen gegeben werden, in denen *der Behandler* das auslösende Ereignis als „traumatisch" einstuft. Es muss schon ein Gewaltverbrechen oder eine Naturkatastrophe vorliegen! Beim sexuellen Missbrauch wird es schon schwieriger mit der Akzeptanz und beim Beziehungstrauma ist diese ganz rasch zu Ende.

Dass man eine traumatische Belastung genauso wie eine Infektionskrankheit an den Symptomen erkennt, scheint dagegen immer noch Spezialwissen zu sein. So sehen sich die Betroffenen zusätzlich zu ihrem persönlichen Leid der Ignoranz der Fachleute ausgesetzt. Sprüche wie: „Das bilden Sie sich nur ein, Sie haben kein Trauma!", und „Ich lass mir doch von selbsternannten Psychologen keine Diagnose aufzwingen!", habe ich selbst nicht nur einmal gehört. Da wundert es nicht, dass objektiv schwer traumatisierte Klienten und Klientinnen durch Klinikaufenthalte und jahrelange Psychotherapie nicht die Hilfe erfahren, die sie bräuchten, um gesund zu werden.

Es liegt zu einem nicht geringen Teil an der deutschen Geschichte, dass das Thema Trauma und dessen Folgen bei uns so vernachlässigt wurden und immer noch werden. Obwohl Sigmund Freud schon in den zwanziger Jahren auf einen deutlichen Zusammenhang zwischen traumatischen Erlebnissen und psychischen Symptomen hingewiesen hatte, genügte den Deutschen nach der Machtergreifung Hitlers das Judentum Freuds, um seine Erkenntnisse in Bausch und Bogen zu verdammen. Die „braune" Ideologie, mit der die deutsche Jugend immerhin zwölf Jahre lang indoktriniert wurde, förderte das Ideal des starken Mannes und der ihn unterstützenden, durchhaltefähigen Frau. Der wahre Deutsche war gesund und stark. In Hitlers Eliteschulen gehörte es zum Sportunterricht, dass ältere Jungen die jüngeren mindestens einmal in der Woche beim Boxunterricht zusammenschlugen. Die Jungen sollten lernen, Schmerzen zu ertragen und sich zu wehren, mit anderen Worten: Sie sollten kriegstauglich werden.

Nach dem Krieg hing die Frage der Schuld am Tod von 6 Millionen Juden, von Sinti und Roma, von psychisch Kranken und von behinderten Kindern wie ein Damoklesschwert über der deutschen Bevölkerung und machte eine Auseinandersetzung mit dem Kriegstrauma jahrzehntelang unmöglich. Deutsche waren Täter und wurden international nur als Täter gesehen. Der gute Deutsche war allemal der schuldbewusste, demütige Deutsche, keinesfalls jedoch durfte er sich auch als Opfer verstehen. Vor dem Verbrechen an der Menschlichkeit traten deshalb die Symptome der Frontsoldaten, der Kriegsgefangenen, der Vertriebenen und Ausgebombten, der Vergewaltigten, der Verschütteten und Hungernden ganz einfach in den Hintergrund. Die Deutschen hatten dieses Leid mehr als verdient! Die Folgen der traumatischen Erlebnisse wurden kollektiv verdrängt.

Noch heute reagieren Menschen auf die Frage nach der Beteiligung ihrer Familienmitglieder am Naziregime ausweichend. Viele sind völlig ahnungslos. Die Zeitgenossen beteuern sofort, nichts gewusst, nichts gemerkt zu haben und auch nicht beteiligt gewesen zu sein. Es scheint fast so, als seien die „Nazis" von einem anderen Planeten nach Deutschland geflogen, hätten dort zwölf Jahre lang ihr Unwesen getrieben und seien nach ihrer Niederlage wieder verschwunden. Bei aller Geschichtsbeflissenheit und politisch korrekten Betroffenheit ob der Grausamkeiten des NS-Regimes, fehlt in Deutschland eine emotionale Auseinandersetzung damit, dass die Helfer und Unterstützer dieser beispiellosen Schreckensherrschaft in den eigenen Familien zu finden sind!

Die Unterdrückung dieser wichtigen Auseinandersetzung fordert ihren Tribut. Grenzüberschreitendes, gewalttätiges Verhalten tobt sich hinter heilen Fassaden in den Familien aus. Uns fiel auf, dass überzeugte Nationalsozialisten ihre Kinder erschreckend häufig sexuell missbrauchten oder körperlich misshandelten. Natürlich können wir dies empirisch nicht beweisen, wenngleich Jürgen Müller-Hohagen in seinem Aufsatz *„Warum Relativieren und Schlussstrich-Mentalität schädlich sind"* zu der gleichen Erkenntnis kommt (2002, in „Trauma und Gesellschaft", S. 64-75).

Erst seit 1989, also seit der Wiedervereinigung, setzen sich vereinzelt Wissenschaftler und auch die Medien mit den Opfern des Deutschen Volkes auseinander. Differenziert wird jetzt das Schicksal der Sudetendeutschen und der Vertriebenen anderer ehemalig deutscher Gebiete dokumentiert. Die Übergriffe der Roten Armee auf die Zivilbevölkerung, besonders auf die Frauen, werden genannt. Den Angriff der Alliierten auf Dresden bezeichnet man heute als Kriegsverbrechen. So beginnt Deutschland endlich mit der längst überfälligen emotionalen Aufarbeitung seines Kriegstraumas.

Es sind nicht nur die Folgen des Dritten Reiches, mit denen wir uns auseinandersetzen. Wie wir aus unseren Kursen immer wieder erfahren, wurden die Menschen in der DDR durch das kommunistische Gewaltsystem weiterhin traumatisiert. Joachim Gauck nennt diese Erfahrung eine *„perpetuierte Ohnmachtserfahrung"* (ebd. S. 17). Das Motto der Menschen in der ehemaligen DDR sei von 1933 bis 1989 gewesen: *„Beuge das Haupt, höre auf deine Angst, widersprich nicht und gehorche. Und dann wird es dir gutgehen"* (ebd. S. 17)!

Gewalt, die Menschen angetan wird, Gewalt, durch die sie sich ohnmächtig fühlen, entlädt sich häufig wieder in Gewalt gegen Menschen, die noch schwächer, noch ohnmächtiger sind. Vielleicht ist hierdurch die Häufung der gewalttätigen Übergriffe auf Ausländer durch ostdeutsche Jugendliche und die Anziehungskraft der rechtsextremen Parteien und Gruppierungen im Osten zu erklären: Nur in Mecklenburg-Vorpommern und in Sachsen ist die NPD im Landtag vertreten.

Die Folgen einer kollektiven Traumatisierung erleben wir täglich in den Nachrichten aus Israel, Palästina, dem Irak und dem Sudan. Wieder einmal hat sich erwiesen, dass Gewalt keine Lösung ist, denn nach seiner vermeintlichen Befreiung hat sich der Irak zu einem Tummelplatz islamistischer Terroristen entwickelt. Terroristen rekrutieren ihre Mitglieder vor allem aus den Gebieten der Erde, in denen Menschen keine Chance auf ein würdiges Dasein haben. Wenn die westliche Welt weiterhin politischen Führern vertraut, die wesentlich mehr Geld für Kriege ausgeben als für die Beseitigung menschenunwürdiger Lebensumstände, wird die gesamte Menschheit für die Folgen aufkommen müssen. Das Thema „Trauma" und seine Heilung erscheint uns deshalb von vordringlicher Wichtigkeit zu sein, nicht nur aus therapeutischer sondern auch aus gesellschaftspolitischer Sicht.

Doch das Thema hat noch einen weiteren wichtigen Aspekt: Viele Menschen glauben, dass wir nur durch Leiden lernen. Eine Operation scheint dieser Überzeugung nach erst dann wirklich hilfreich zu sein, wenn sie ohne Narkose ausgeführt wird und möglichst furchtbar schmerzt. Krieg und Folter sind demnach für die Mehrheit der gläubigen US-Amerikaner das geeignete Mittel, die Anhänger der „Achse des Bösen" endlich auf den rechten Weg der christlichen Werte zu führen. Je mehr Menschen traumatisiert werden, umso mehr werden sich der schützenden Umarmung Amerikas anvertrauen, gemäß der Anweisung aus dem Buch Sirach „*Wer seinen Sohn liebt, hält den Stock für ihn bereit, damit er später Freude erleben kann"* (30, 1-2).

Die Lerntheorie beweist das Gegenteil: Positive Verstärkung durch Wertschätzung bewirkt viel schnellere und bessere Lernerfolge als Abwertung und Bestrafung. Körperliche und seelische Schmerzen verursachen dagegen Verkrampfung, Abspaltung und Abwehr. Einen besonderen Nutzen von erlittenen Traumata habe ich nie finden können. Den Verfechtern der Karmalehre, nach der jeder erntet, was er verursacht hat, möchte ich zu bedenken geben, dass es jedem Menschen kraft seines freien Willens möglich wäre, erlittenes Unrecht nicht mit der gleichen Münze heimzuzahlen, sondern, wie Jesus empfiehlt, die Feinde zu lieben und für die zu beten, die uns verfolgen (Matt. 5, 44).

In der Bergpredigt, der zentralen Botschaft des Christentums, sagt Jesus:

„Selig, die keine Gewalt anwenden, denn sie werden das Land erben... Selig die Barmherzigen, denn sie werden Erbarmen finden... Selig, die Frieden stiften, denn sie werden Söhne Gottes genannt werden" (Matt. 5, 5-9).

In diesem Sinne sehe ich unsere Aufgabe, Menschen liebevoll bei der Heilung ihrer seelischen Wunden zu unterstützen, als einen spirituellen Auftrag, als die praktische Umsetzung der christlichen Botschaft. Jeder, der sich dieser Aufgabe verschreibt, wird darüber hinaus seinen Beitrag für den Weltfrieden leisten, denn jeder Mensch, der sein Trauma geheilt hat, ist ein friedliebender Mensch, der zutiefst erfahren hat, dass Gewalt, Abwertung und Misshandlung keine Zukunft haben.

Literatur und Quellen

Angst, J. & Angst, F. & Stassen, H.H. (1999). *Suicide risk in patients with major depressive disorder.* Journal of Clinical Psychiatry, 60 (Suppl. 2), S. 57-62.

Bateson, G. (1996). *Ökologie des Geistes.* Berlin: Suhrkamp

Belsky, J. et al. 2007, 2010, 1010. *NICHD-Study in „Frühkindlicher Stress in der Fremdbetreuung und seine langfristigen Folgen".* Zugang: 7.11.2018. http://www.fuerkinder.org/en/65-slider/580-fruehkindlicher-stress-in-der-fremdbetreuung-und-seine-langfristigen-folgen-2

Darwin, Ch. (1871). *Die Abstammung des Menschen und die geschlechtliche Zuchtwahl,* S. 171-172

Dilling, H. (Hrsg.) (2000). *Internationale Klassifikation psychicher Störungen: ICD-10 Kapitel V (F) Klinisch-diagnostische Leitlinien.* Bern: Hans Huber

Dörner, K. & Plog, U. (1996). *Irren ist menschlich, Lehrbuch der Psychiatrie und Psychotherapie.* Bonn: Psychiatrie-Verlag

Egle, U.T. & Hoffmann, S.O. & Joraschky, P. (2000). *Sexueller Missbrauch, Misshandlung, Vernachlässigung, Erkennung und Therapie psychischer und psychosomatischer Folgen früher Traumatisierungen.* Stuttgart: Schattauer

Ferenczi, S. (1933). *Sprachverwirrung zwiscnen den Erwachsenen und dem Kind (Die Sprache der Zärtlichkeit und der Leidenschaft).* Internationale Zeitschrift für Psychoanalyse XIX 1933 Heft 1/2.

Fischer, G. & Riedesser, P. (2003). *Lehrbuch der Psychotraumatologie.* München: Ernst Reinhardt Verlag

Freud, A. (2003). *Wege und Irrwege in der Kinderentwicklung.* Stuttgart: Klett-Cotta

Fullilove, M. T. & Fullilove, R. E. & Smith, M. & Winkler, K. & Michael, C. & Panzer, P. & Wallace, R. (1993) *Gewalt, Trauma und posttraumatische Belastungsstörung bei weiblichen Drogennutzerinnen.* Journal of Traumatic Stress, Vol 6(4), S. 533-543, Abstract. Database: PsychINFO

Foller, A. (1999). *Der Körper des Menschen.* Stuttgart: Thieme Verlag
Hellbrügge, T. & Brisch, K.H. (Hrsg). (2003). *Bindung und Trauma, Risiken und Schutzfaktoren für die Entwicklung von Kindern.* Stuttgart: Klett-Cotta
Huber, M. (2003). *Trauma und Traumabehandlung Teil 1* Paderborn: Junfermann
Kernberg, O. & Schultz, H. (2009). *Borderline-Störungen und pathologischer Narzißmus.* 16. Auflage. Berlin: Suhrkamp
Krüll, M. & Nuber, U. (1995). *„Wenn man den Eltern Ehre erweist, kommt etwas tief in der Seele in Ordnung" Ein Gespräch mit Bert Hellinger über den Einfluß der Familie auf die Gesundheit und Werte und Ziele seiner umstrittenen Therapie.* PSYCHOLOGIE HEUTE. 22. Jg., H. 6, Juni 1995. S. 22-26. Weinheim: BELTZ
Levine, P. (1998). *Trauma-Heilung, Das Erwachen des Tigers.* Essen: Synthesis Verlag
Lüdecke, Ch. & Sachsse, U. & Faure, H. (2010). *Sucht – Bindung – Trauma: Psychotherapie von Sucht und Traumafolgen im neurobiologischen Kontext.* Stuttgart: Schattauer
Marwitz, G. & Hörnle, R. (1992). Prostitution – eine Folge sexuellen Missbrauchs, *Das Gesundheitswesen 54* (10), S. 569-571)
Özkan, I. & Streek-Fischer, A. & Sachsse, U. (Hrsg.) (2002). *Trauma und Gesellschaft, Vergangenheit in der Gegenwart.* Göttingen: Vandenhoeck & Ruprecht
Radebold, H. & Bohleber, W. & Zinnecker, J. (2009). *Transgenerationale Weitergabe kriegsbelasteter Kindheiten* Weinheim und München: Juventa
Reddemann, L. (2001). *Imagination als heilsame Kraft.* Stuttgart: Pfeiffer bei Klett-Cotta
Rivers, WHR. (1917). *An Address on the repression of war experience. Delivered before the Section of Psychiatry,* Royal Society of Medicine, on Dec. 4th. Zugang 11.6.2014: www.gwpda.org/comment/rivers.html
Schulz von Thun, F. (2010). *Miteinander reden 1: Störungen und Klä-*

rungen. Allgemeine Psychologie der Kommunikation. Berlin: Rowohlt
Sachsse, U. (2004). *Traumazentrierte Psychotherapie: Theorie, Klinik, Praxis.* Stuttgart: Schattauer
Sautter, Ch. (Hrsg.) (2016).*Was bei Trauma wirklich hilft – Bewährte Methoden in der Traumatherapie.* Ravensburg: Verlag für Systemische Konzepte
Sautter, Ch. (2016). *Meine Kindheit, mein Trauma, meine Ehe und ich – Ein systemischer Psychothriller.* Ravensburg: Verlag für Systemische Konzepte
Sautter, Ch. (2016). *Eltern: Wunschbild – Wie ihr Vorbild unser Leben prägt und wie wir uns selbstbestimmt aus alten Mustern lösen können.* Ravensburg: Verlag für Systemische Konzepte
Sautter, Ch. & Sautter A. (3. Auflage 2013). *Den Drachen überwinden, Vorschläge zur Traumaheilung. Ravensburg:* Verlag für Systemische Konzepte
Sautter, Ch. & Sautter, A. (6. Auflage 2016). *Wege aus der Zwickmühle, Doublebinds verstehen und lösen.* Ravensburg: Verlag für Systemische Konzepte
Sautter, Ch. & Sautter, A. (3. Auflage 2014).*Wenn die Masken fallen, Paare auf dem Weg zum Wir,* Ravensburg: Verlag für Systemische Konzepte
Spitz, R. A. (1992). *Vom Säugling zum Kleinkind.* Stuttgart: Klett-Cotta
Spitz R. A. (1952). Emotional Deprivation in Infancy, You Tube Video
Tölle, R. & Windgassen, K. (2003). *Psychiatrie.* Berlin: Springer
Van der Kolk, B.A. (Hrsg) (2000). *Traumatic Stress, Grundlagen und Behandlungsansätze.* Paderborn: Junfermann
Van der Hart, O. & Brown, P. & van der Kolk, B. A. (1989). *Pierre Janet's Treatment of Posttraumatic Stress.* Journal of Traumatic Stress, Vol 2, No. 4
Werner, E. (1992), *The children of Kauai: Resiliency and recovery in adolescence and adulthood.* Journal of Adolescent Health, Vol 13(4). Abstract pp. 262-268. Database PsychINFO

Bücher im Verlag für Systemische Konzepte

Neuerscheinung 2019

Anni Heine

Endlich wieder Boden unter meinen Füßen
Trauma-Integrationsarbeit mit der Fallschirm-Methode

1. Auflage 2019 – 254 Seiten – ISBN 978-3-943239-11-9

Trotz intensiver Bemühungen, ein Trauma zu verarbeiten, finden Betroffene oft keinen Ausweg aus ihren belastenden Gefühlen. Um Menschen wirksam dabei zu unterstützen, sich aus dieser inneren Gefangenschaft zu befreien, entwickelte die Traumatherapeutin Anni Heine die Fallschirm-Methode. Dabei nutzt sie buchstäblich die Thermik dessen, was Patienten gerade fühlen, um sie – wie an einem Fallschirm schwebend – sanft und sicher im inneren Heilungsprozess zurück auf den Boden emotionaler Freiheit, Ruhe und Ausgeglichenheit zu begleiten.
Dieses Buch vermittelt die Inhalte und Methoden als wertvolle Verständnisbasis für Kollegen und Betroffene.

Die Autorin
Anni Heine ist Heilpraktikerin für Psychotherapie und anerkannte Spezialistin für Traumaheilung. Neben der direkten Patientenarbeit berät und schult sie Kriminalpolizei, Rettungsdienste, den Weißen Ring e.V. sowie Behörden rund um die Themen Prävention, Psychohygiene und den Umgang mit traumatischen Situationen und Betroffenen.

Christiane Sautter (Hrsg.)

Was bei Trauma wirklich hilft
Bewährte Methoden in der Traumatherapie

mit Beiträgen von Anni Heine, Carmen Müller, Andrea Bühring, Andreas Assenbaum, Erika Hieble, Julia Biskupek-Kamleiter und Karl-Heinz Wey

1. Auflage 2016 – 240 Seiten – ISBN 978-3-943239-06-5

Ein Trauma trifft immer den ganzen Menschen:
sein Denken, seine Gefühle, seinen Körper, seine Beziehung zu anderen Menschen und die Art und Weise, wie er den Sinn seines Lebens erfährt.
Traumatherapie, die wirklich hilft, beseitigt nicht nur Symptome:
der Verstand begreift, die Gefühle kommen zur Ruhe, der Körper entspannt sich, Beziehungen werden ehrlicher und wahrhaftiger und dem Menschen offenbart sich ein neuer, tieferer Sinn.

Mit diesem Buch zieht Christiane Sautter Bilanz über 20 Jahre geleistete therapeutische Arbeit mit traumatisierten Menschen. Zusammen mit erfahrenen Kollegen aus verschiedenen beruflichen Kontexten stellt sie zusammen, was sich dabei bewährt hat: Methoden, mit denen Klienten auf dem Weg zur Heilung unterstützt werden können, aber auch Einstellungen und Haltungen der Klienten, die sich auf dem Weg der Heilung als förderlich erwiesen haben. Zahlreiche Berichte von Klienten zeigen, wie die beschriebenen Methoden praktisch umgesetzt wurden.

Ein Buch für Betroffene und Kollegen.

Christiane Sautter (Hrsg.)

Ein Märchen für Dich
Systemische Lösungs-Geschichten für Erwachsene und Kinder
neu illustriert von Sylvia Graupner

4., erweiterte Auflage 2019 – 272 Seiten – ISBN 978-3-943239-03-4

Erzählen wir uns nicht jeden Tag Geschichten, die von uns und von den Menschen handeln, mit denen wir leben? Besonders dann, wenn wir Probleme haben, erzählen wir täglich dieselbe traurige, verzweifelte oder wütende Geschichte, ohne dass dies etwas ändern würde.
Systemische Lösungs-Geschichten gehen anders vor:
Sie beschreiben individuelle Wege vom Problem zur Lösung.
Lassen Sie sich von den kreativen Ideen unserer Autoren inspirieren!

Mit Anleitung zum Schreiben heilender Märchen

Christiane Sautter

Meine Kindheit, mein Trauma, meine Ehe und ich
1. Auflage im Paperback 2016 – 320 Seiten – ISBN 978-3-943239-07-2

Christiane Sautter bedient sich diesmal der freien Form des Romans, um den Beziehungskiller „Kindheitstrauma" in Szene zu setzen. Am Beispiel der schweren Ehekrise von Maria und Thomas beschreibt sie nicht nur die Abgründe, die sich für die Beteiligten auftun, wenn ein Kindheitstrauma durch ein aktuelles Erlebnis getriggert wird, sondern auch, wie das Trauma und die Beziehung durch systemische Psychotherapie geheilt werden.

Das Buch ist bisher im Hardcover unter dem Titel „Treibgut meiner Seele, Protokoll einer Spurensuche" erschienen.

Christiane Sautter

Eltern: Wunschbild – Feindbild

Wie ihr Vorbild unser Leben prägt und wie wir uns selbstbestimmt aus alten Mustern lösen können

mit einem Nachwort von Martin Miller
2. Auflage 2016 – 256 Seiten – ISBN 978-3-9809936-8-5

Unsere Eltern prägen uns von Anfang an. Vor allem wie Beziehung funktioniert, lernen wir von unseren Vätern und Müttern. Und diesem unbewussten „Handlungsschema" folgen wir, auch wenn wir längst erwachsen sind. So lange, bis wir die alten Muster erkennen und dadurch die Möglichkeit gewinnen, selbstbestimmte Veränderungen zu gestalten. Wie das gelingen kann, erfahren Sie in diesem Buch.

„Nach dem Lesen des Buches von Christiane Sautter war ich erleichtert, denn endlich nahm sich jemand die gewaltige Mühe, verständlich ein Buch zum Thema Familie zu schreiben. Das Buch ist gleichsam ein Lehrbuch, das vielen Berufsgruppen als obligatorische Lektüre empfohlen werden sollte. Es stellt eine tolle Übersicht dar, um sich im komplexen Thema Familie zurechtzufinden." Martin Miller

Besuchen Sie unseren Verlag über unsere Internetseite:
www.verlagsystemkonzepte.de

SAUTTER
INSTITUT FÜR
SYSTEMISCHE
WEITERBILDUNG

Die Weiterbildungsangebote in unserem Institut:

Weiterbildung zum Systemischen Berater
„Trauma erkennen – Trauma begleiten"
Systemaufstellungen nach Virginia Satir

Fordern Sie Unterlagen an oder besuchen Sie unsere Internetseite:
www.systemweiterbildung.de

Bürozeiten: Di – Fr. 9.00 – 12.00 Uhr
Tel.: 0751 88879924 – Fax: 0751 88879925

Die Postadresse lautet für Verlag, Institut und Praxis:
Seestr. 42
88214 Ravensburg